Poesía mexicana Amorosa

Antología

Poesía mexicana Amorosa

Grupo Editorial Tomo, S. A. de C. V.
Nicolás San Juan 1043
03100 México, D. F.

1a. edición, enero 2005.

© 2005, Grupo Editorial Tomo, S.A. de C.V.
Nicolás San Juan 1043, Col. Del Valle
03100 México, D.F.
Tels. 5575-6615, 5575-8701 y 5575-0186
Fax. 5575-6695
http://www.grupotomo.com.mx
ISBN: 970-775-076-6
Miembro de la Cámara Nacional
de la Industria Editorial No. 2961

Proyecto editorial: Luis Rutiaga
Formación y diseño tipográfico: Luis Rutiaga
Diseño de Portada: Emigdio Guevara y Trilce Romero
Supervisor de producción: Leonardo Figueroa

Impreso en México - *Printed in Mexico*

Prólogo

El objetivo de esta antología, es presentar un mosaico de la poesía mexicana a través de algunos de sus más importantes representantes.

Seleccionar una parte de un gran todo resulta a veces injusto cuando el universo de donde se debe extraer la muestra varía en nombres, obras y tendencias, y más, tratándose de una materia tan volátil y subjetiva como la poesía.

Al encontrarnos con las diferentes voces poéticas, hicimos eco de ellas y decidimos que tú, lector o lectora, estuvieran de acuerdo con hacer el reconocimiento de quienes pensamos que México ha sido, es y seguirá siendo, independientemente de los nombres propios, como lo confirman estas páginas, un país de poetas.

Existe poesía mexicana, pero no poemas mexicanos. En todo caso, tenemos poemas escritos por mexicanos; pero, tantos los temas como las emociones son universales. Debemos recordar que algunos de nuestros poetas fijan la imagen del poeta y su poesía como orgullosamente nacionales.

Acerquémonos a la poesía, descubramos su rima interna, la presencia abrumadora de imágenes, su romanticismo, la huella que deja en nuestros sentimientos su presencia, a veces demasiado cercana, y sobre todo, la identificación con lo que dice el poema.

En la poesía amorosa se funden fuerzas opuestas que bien pueden ser el ardor sensual y la experiencia mística, el sueño de la inocencia o las "flores del pecado", la carne y el espíritu, la devoción y la blasfemia. En el poema amoroso se engarzan nuevas metáforas y los típicos sentimientos ya no son los mismos. El deseo insatisfecho se vuelve melancolía, el amor puro es también deleite frenético, la emoción amorosa por medio de la intensidad del lenguaje se desdobla en lo entrañable y lo cotidiano.

Amor y poesía, vocablos que se complementan en la búsqueda amorosa de los poetas mexicanos.

Luis Rutiaga

Amado Nervo

Poeta mexicano nacido en Tepic, Nayarit, en 1870. En su juventud quiso ser clérigo, pero muy pronto se vio atraído por los variados estímulos de la vida, los viajes, los amores y la misma poesía. Su iniciación estética fue marcada hacia los grupos que se congregaban alrededor de "La revista azul" y "Revista moderna", en cuyas páginas se desbordaba todo el ímpetu del modernismo americano. Entre el conjunto de su creación se destacan sus libros "Serenidad", "Elevación", "Plenitud" y "La amada inmóvil". Falleció en Montevideo, Uruguay en 1919.

Bon soir...

¡Buenas noches, mi amor, y hasta mañana!
Hasta mañana, sí, cuando amanezca,
y yo, después de cuarenta años
de incoherente soñar, abra y estriegue
los ojos del espíritu,
como quien ha dormido mucho, mucho,
y vaya lentamente despertando,
y, en una progresiva lucidez,
ate los cabos del ayer de mi alma
(antes de que la carne la ligara)
y del hoy prodigioso
en que habré de encontrarme, en este plano
en que ya nada es ilusión y todo
es verdad...
¡Buenas noches, amor mío,
buenas noches! Yo quedo en las tinieblas
y tú volaste hacia el amanecer...
¡Hasta mañana, amor, hasta mañana!
Porque, aun cuando el destino
acumulara lustro sobre lustro
de mi prisión por vida, son fugaces
esos lustros; sucédense los días
como rosarios, cuyas cuentas magnas

son los domingos...
Son los domingos, en que, con mis flores
voy invariablemente al cementerio
donde yacen tus formas adoradas.
¿Cuántos ramos de flores
he llevado a la tumba? No lo sé.
¿Cuántos he de llevar? Tal vez ya pocos.
¡Tal vez ya pocos! ¡Oh, que perspectiva
deliciosa!
¡Quizás el carcelero
se acerca con sus llaves resonantes
a abrir mi calabozo para siempre!
¿Es por ventura el eco de sus pasos
el que se oye, a través de la ventana,
avanzar por los quietos corredores?
¡Buenas noches, amor de mis amores!
Hasta luego, tal vez..., o hasta mañana.

El retorno

"Vivir sin tus caricias es mucho desamparo;
vivir sin tus palabras es mucha soledad;
vivir sin tu amoroso mirar, ingenuo y claro,
es mucha oscuridad..."
Vuelvo pálida novia, que solías
mi retorno esperar tan de mañana,
con la misma canción que preferías
y la misma ternura de otros días
y el mismo amor de siempre, a tu ventana.
Y elijo para verte, en delicada
complicidad con la Naturaleza,
una tarde como ésta: desmayada
en un lecho de lilas, e impregnada
de cierta aristocrática tristeza.
¡Vuelvo a ti con los dedos enlazados
en actitud de súplica y anhelo
—como siempre—, y mis labios no cansados
de alabarte, y mis ojos obstinados
en ver los tuyos a través del cielo!
Recíbeme tranquila, sin encono,
mostrando el deje suave de una hermana;
murmura un apacible: "Te perdono",
y déjame dormir con abandono,
en tu noble regazo, hasta mañana...

Tanto amor

Hay tanto amor en mi alma que no queda
ni el rincón más estrecho para el odio.
¿Dónde quieres que ponga los rencores
que tus vilezas engendrar podrían?
Impasible no soy: todo lo siento,
lo sufro todo...Pero como el niño
a quien hacen llorar, en cuanto mira
un juguete delante de sus ojos
se consuela, sonríe,
y las ávidas manos
tiende hacia él sin recordar la pena,
así yo, ante el divino panorama
de mi idea, ante lo inenarrable
de mi amor infinito,
no siento ni el maligno alfilerazo
ni la cruel afilada
ironía, ni escucho la sarcástica
risa. Todo lo olvido,
porque soy sólo corazón, soy ojos
no más, para asomarme a la ventana
y ver pasar el inefable ensueño,
vestido de violeta,
y con toda la luz de la mañana,
de sus ojos divinos en la quieta
limpidez de la fontana...

Inmortalidad

No, no fue tan efímera la historia
de nuestro amor: entre los folios tersos
del libro virginal de tu memoria,
como pétalo azul está la gloria
doliente, noble y casta de mis versos.
No puedes olvidarme: te condeno
a un recuerdo tenaz. Mi amor ha sido
lo más alto en tu vida, lo más bueno;
y sólo entre los légamos y el cieno
surge el pálido loto del olvido.
Me verás dondequiera: en el incierto
anochecer, en la alborada rubia,
y cuando hagas labor en el desierto
corredor, mientras tiemblan en tu huerto
los monótonos hilos de la lluvia.

¡Y habrás de recordar! Ésa es la herencia
que te da mi dolor, que nada ensalma.
¡Seré cumbre de luz en tu existencia,
y un reproche inefable en tu conciencia
y una estela inmortal dentro de tu alma!

Cobardía

Pasó con su madre. ¡Qué rara belleza!
¡Qué rubios cabellos de trigo garzul!
¡Qué ritmo en el paso! ¡Qué innata realeza
de porte! ¡Qué formas bajo el fino tul...!
Pasó con su madre. Volvió la cabeza:
¡me clavó muy hondo su mirar azul!
Quedé como en éxtasis...
Con febril premura.
"¡Síguela!", gritaron cuerpo y alma al par.
...Pero tuve miedo de amar con locura,
de abrir mis heridas, que suelen sangrar,
¡y no obstante toda mi sed de ternura,
cerrando los ojos, la deje pasar!

Por esa puerta

Por esa puerta huyó diciendo:"¡nunca!"
Por esa puerta ha de volver un día...
Al cerrar esa puerta dejo trunca
la hebra de oro de la esperanza mía.
Por esa puerta ha de volver un día.

Cada vez que el impulso de la brisa,
como una mano débil indecisa,
levemente sacude la vidriera,
palpita más aprisa, más aprisa,
mi corazón cobarde que la espera.

Desde mi mesa de trabajo veo
la puerta con que sueñan mis antojos
y acecha agazapando mi deseo
en el trémulo fondo de mis ojos.

¿Por cuánto tiempo, solitario, esquivo,
he de aguardar con la mirada incierta
a que Dios me devuelva compasivo
a la mujer que huyó por esa puerta?

¿Cuándo habrán de temblar esos cristales
empujados por sus manos ducales,

y, con su beso ha de llegar a ellas,
cual me llega en las noches invernales
el ósculo piadoso de una estrella?
¡Oh Señor!, ya la pálida está alerta;
¡oh Señor, cae la tarde ya en mi vía
y se congela mi esperanza yerta!
¡Oh, Señor, haz que se abra al fin la puerta
y entre por ella la adorada mía!...
¡Por esa puerta ha de volver un día!.

El celaje

¿Adónde fuiste, Amor, adónde fuiste?
Se extinguió en el poniente el manso fuego,
y tú, que me decías: "hasta luego,
volveré por la noche"... ¡no volviste!

¿En qué zarzas tu pie divino heriste?
¿Qué muro cruel te ensordeció a mi ruego?
¿Qué nieve supo congelar tu apego
y a tu memoria hurtar mi imagen triste?

...Amor, ¡ya no vendrás! En vano, ansioso,
de mi balcón atalayando vivo
el campo verde y el confín brumoso;

y me finge un celaje fugitivo
nave de luz en que, al final reposo,
va tu dulce fantasma pensativo.

El día que me quieras

El día que me quieras tendrá más luz que junio;
la noche que me quieras será de plenilunio,
con notas de Beethoven vibrando en cada rayo
sus inefables cosas,
y habrá juntas más rosas
que en todo el mes de mayo.

Las fuentes cristalinas
irán por las laderas
saltando cristalinas
el día que me quieras.

El día que me quieras, los sotos escondidos
resonarán arpegios nunca jamás oídos.
Éxtasis de tus ojos, todas las primaveras
que hubo y habrá en el mundo
serán cuando me quieras.

Cogidas de la mano cual rubias hermanitas,
luciendo golas cándidas, irán las margaritas
por montes y praderas,
delante de tus pasos, el día que me quieras...
Y si deshojas una, te dirá su inocente
postrer pétalo blanco: ¡Apasionadamente!

Al reventar el alba del día que me quieras,
tendrán todos los tréboles cuatro hojas agoreras,
y en el estanque, nido de gérmenes ignotos,
florecerán las místicas corolas de los lotos.

El día que me quieras será cada celaje
ala maravillosa; cada arrebol, miraje
de "Las Mil y una Noches"; cada brisa un cantar,
cada árbol una lira, cada monte un altar.

El día que me quieras, para nosotros dos
cabrá en un solo beso la beatitud de Dios.

Gratia plena

Todo en ella encantaba, todo en ella atraía:
su mirada, su gesto, su sonrisa, su andar...
El ingenio de Francia de su boca fluía.
Era "llena de gracia", como el Avemaría;
¡quien la vio, no la pudo ya jamás olvidar!

Ingenua como el agua, diáfana como el día,
rubia y nevada como Margarita sin par,
al influjo de su alma celeste amanecía...
Era llena de gracia, como el Avemaría;
¡quien la vio, no la pudo ya jamás olvidar!

Cierta dulce y amable dignidad la investía
de no sé qué prestigio lejano y singular.
Más que muchas princesas, princesa parecía:
era llena de gracia, como el Avemaría;
¡quien la vio, no la pudo ya jamás olvidar!

Yo gocé el privilegio de encontrarla en mi vía
dolorosa; por ella tuvo fin mi anhelar,
y cadencias arcanas halló mi poesía.
Era llena de gracia, como el Avemaría;
¡quien la vio, no la pudo ya jamás olvidar!

¡Cuánto, cuánto la quise! ¡Por diez años fue mía;
pero flores tan bellas nunca pueden durar!
¡Era llena de gracia, como el Avemaría,
y a la Fuente de gracia, de donde procedía,
se volvió... como gota que se vuelve a la mar!

Viejo estribillo

¿Quién es esa sirena de la voz tan doliente,
de las carnes tan blancas, de la trenza tan bruna?
—Es un rayo de luna que se baña en la fuente,
es un rayo de luna...
¿Quién gritando mi nombre la morada recorre?
¿Quién me llama en las noches con tan trémulo acento?
—Es un soplo de viento que solloza en la torre,
es un soplo de viento...
¿Di, quién eres, arcángel cuyas alas se abrasan
en el fuego divino de la tarde y que subes
por la gloria del éter?
                    —Son las nubes que pasan;
mira bien, son las nubes...
¿Quién regó sus collares en el agua, Dios mío?
Lluvia son de diamantes en azul terciopelo.
—Es la imagen del cielo que palpita en el río,
es la imagen del cielo...
¡Oh, Señor! ¡La belleza sólo es, pues, espejismo!
Nada más Tú eres cierto: sé Tú mi último Dueño.
¿Dónde hallarte, en el éter, en la tierra, en mí mismo?
—Un poquito de ensueño te guiará en cada abismo,
un poquito de ensueño...

El primer beso

Yo ya me despedía... y palpitante
cerca mi labio de tus labios rojos.
"Hasta mañana", susurraste;
yo te miré a los ojos un instante
y tú cerraste sin pensar los ojos
y te di el primer beso: alcé la frente
iluminado por mi dicha cierta.

Salí a la calle alborozadamente
mientras tú te asomabas a la puerta
mirándome encendida y sonriente.
Volví la cara en dulce arrobamiento,
y sin dejarte de mirar siquiera,
salté a un tranvía en raudo movimiento;
y me quedé mirándote un momento
y sonriendo con el alma entera,
y aún más te sonreí... Y en el tranvía
a un ansioso, sarcástico y curioso,
que nos miró a los dos con ironía,
le dije poniéndome dichoso:
—"Perdóneme, Señor esta alegría".

A Leonor

Tu cabellera es negra como el ala
del misterio; tan negra como un lóbrego
jamás, como un adiós, como un "¡quién sabe!"
Pero hay algo más negro aún: ¡tus ojos!

Tus ojos son dos magos pensativos,
dos esfinges que duermen en la sombra,
dos enigmas muy bellos... Pero hay algo,
pero hay algo más bello aún: tu boca.

Tu boca, ¡oh sí!; tu boca, hecha divinamente
para el amor, para la cálida
comunión del amor, tu boca joven;
pero hay algo mejor aún: ¡tu alma!

Tu alma recogida, silenciosa,
de piedades tan hondas como el piélago,
de ternuras tan hondas...
                                    Pero hay algo,
pero hay algo más hondo aún: ¡tu ensueño!

Ofertorio

Dios mío, yo te ofrezco mi dolor:
¡Es todo lo que puedo ofrecerte!
Tú me diste un amor, un solo amor,
¡un gran amor!
　　　　　Me lo robó la muerte
...y no me queda más que mi dolor.
　　　Acéptalo, Señor;
¡Es todo lo que puedo ya ofrecerte!...

En paz

Muy cerca de mi ocaso, yo te bendigo, Vida,
porque nunca me diste ni esperanza fallida,
ni trabajos injustos, ni pena inmerecida;
porque veo al final de mi rudo camino
que yo fui el arquitecto de mi propio destino;
que si extraje la miel o la hiel de las cosas,
fue porque en ellas puse hiel o mieles sabrosas:
cuando planté rosales coseché siempre rosas.

Cierto, a mis lozanías va a seguir el invierno:
¡mas tú no me dijiste que mayo fuese eterno!

Hallé sin duda largas las noches de mis penas;
mas no me prometiste tan sólo noches buenas;
y en cambio tuve algunas santamente serenas...

Amé, fui amado, el sol acarició mi faz.
¡Vida, nada me debes! ¡Vida, estamos en paz!

Expectación

Siento que algo solemne va a llegar a mi vida.
¿Es acaso la muerte? ¿Por ventura el amor?
Palidece mi rostro, mi alma está conmovida,
y sacude mis miembros un sagrado temblor.

Siento que algo sublime va a encarnar en mi barro
en el mísero barro de mi pobre existir.
Una chispa celeste brotará del guijarro,
y la púrpura augusta va el harapo a teñir.

Siento que algo solemne se aproxima, y me hallo
todo trémulo; mi alma de pavor llena está.
Que se cumpla el destino, que Dios dicte su fallo,
para oír la palabra que el abismo dirá.

Mi secreto

¿Mi secreto? ¡Es tan triste! Estoy perdido
de amores por un ser desaparecido,
por un alma liberta,
que diez años fue mía, y que se ha ido...
¿Mi secreto? Te lo diré al oído:
¡Estoy enamorado de una muerta!

¿Comprendes —tú que buscas los visibles
transportes, las reales, las tangibles
caricias de la hembra, que se plasma
a todos tus deseos invencibles—
ese imposible de los imposibles
de adorar a un fantasma?

¡Pues tal mi vida es y tal ha sido
y será!
Si por mí sólo ha latido
su noble corazón, hoy mudo y yerto,
¿he de mostrarme desagradecido
y olvidarla, nomás porque ha partido
y dejarla, nomás porque se ha muerto?

Y el Buda de basalto sonreía

Aquella tarde, en la alameda, loca
de amor, la dulce idolatrada mía
me ofreció la eglantina de su boca.

Y el Buda de basalto sonreía...

Otro vino después, y sus hechizos
me robó; dile cita, y en la umbría
nos trocamos epístolas y rizos.

Y el Buda de basalto sonreía...

Hoy hace un año del amor perdido.
Al sitio vuelvo y, como estoy rendido
tras largo caminar, trepo a lo alto
del zócalo en que el símbolo reposa.
Derrotado y sangriento muere el día,
y en los brazos del Buda de basalto
me sorprende la luna misteriosa.

Me besaba mucho

Me besaba mucho, como si temiera
irse muy temprano... Su cariño era
inquieto, nervioso. Yo no comprendía
tan febril premura. Mi intención grosera
nunca vio muy lejos.
¡Ella presentía!
Ella presentía que era corto el plazo,
que la vela herida por el latigazo
del viento, aguardaba ya..., y en su ansiedad
quería dejarme su alma en cada abrazo,
poner en sus besos una eternidad.

Antonio Plaza

Poeta mexicano nacido en Apasco, Guanajuato, en 1833. Estudió Jurisprudencia en la ciudad de México, convirtiéndose en un apasionado luchador político y defensor de ideas liberales plasmadas en columnas de *El Horóscopo*, *La Idea*, *El Constitucional*, *La Luz de los Libres* y muchas otras publicaciones de la época. Alternó la actividad periodística con la poesía, y a pesar de que no tuvo oportunidad de estudiar los grandes maestros, dejó una reconocida obra literaria. En 1882, resignado y pobre, murió dejando en la indigencia a sus tres hijos.

A...

1

Por ti, mujer divina, en éxtasis levanto
las notas que despide mi tétrico rabel;
por ti, mujer que enciendes el fuego sacrosanto
que al cundir por mis venas enaltece mi ser.

Por ti, mujer divina, hermosa luz sin sombra,
transpórtame a los cielos excelsa beatitud,
y quisiera a tus plantas tenderlas por alfombra
las trémulas estrellas que brillan en el tul.

Si a Dios por un momento su Fiat arrebatara,
tan sólo me ocupara de hacerte muy feliz
y sin goces al cielo, ya la tierra dejara
por dártelo ¡divina! por dártelos a ti.

Porque el amor inmenso que dentro el alma brota
ese amor le da vida al muerto corazón,
así como da vida la transparente gota
al pétalo rugado que el viento marchitó.

Es tu alma como mi alma, ardiente como fuego
y mi alma sin tu alma no puede ya vivir:
yo quiero poseerte y condenarme luego,
que hasta la eterna gloria despreciara sin ti.

Yo que lloré perdida la luz de la esperanza,
yo que el horrible cáliz del dolor apuré,
aun miro, porque te amo, brillar en lontananza
un porvenir de dicha... Eres mi última fe.

Y yo te necesito, así como alimento,
así como del agua necesita la flor,
así como las aves necesitan del viento,
así como la tierra necesita del sol.

Si tomo entre mi mano esa tu mano blanca
y la llevo a mi seno convulso del placer,
yo siento que un suspiro del corazón se arranca,
suspiro que me lleva de Dios hasta el dosel.

Si vieras que de noche, rendido, abandonado,
aunque el sueño me venza, pensando estoy en ti,
y tu virgíneo rostro de blanca luz bañado
como ángel de mi guarda, le miro junto a mí.

En ti nada más pensando
y tu imagen siempre viendo,
y contigo delirando,
y en sueños contigo hablando,
mi vida estoy consumiendo.

Que mis pensamientos son
tuyos, tuya mi existencia,
y tuya la pulsación
que agita mi corazón
con volcánica violencia.

Eres la dicha a que aspiro;
eres la luz con que veo;
eres aire que respiro;
eres la Virgen que admiro;
eres el Dios en que creo.

3

Y yo , mujer, te juro guardar inmaculado
en lo íntimo del alma tu divinal amor;
que si tu amor me falta, seré desventurado;
y entonces, no lo dudes, me arranco el corazón.

A Rosa

A tu lado yo siento, Rosa mía,
que tenemos los dos un alma sola;
si probara una gota de ambrosía
suspendida en tus labios de amapola,

A Dios le pido que mi pobre estrella
alumbre un porvenir de venturanza,
y que siempre resbale tras tus huellas
la inmaculada luz de la esperanza.

Ojalá que en tu senda sin abrojos
nunca el llanto humedezca tu mejilla
ni el brillo apague de tus lindos ojos
donde mi cielo de ventura brilla.

Porque tu goce mi tormento calma
y con tu pena el corazón me hieres;
padece mi alma si padece tu alma,
y soy dichoso si dichosa eres.

Que mi vida, mujer, mi vida entera
se halla en tal grado con la tuya unida,
que la temible muerte no pudiera
arrebatar tu vida sin mi vida.

Te amo, Rosa, como nunca he amado;
a tus pies encadeno mi destino,
y a tu amor es final abrillantado
que encendiera el Señor en su camino.

Tu mirada tiernísima concluye
de mi penar intenso la violencia,
que tú eres el iris que destruye
la horrible tempestad de mi existencia.

A tu lado la dicha me sofoca,
y mi ser se estremece de contento
cuando mi nombre de tu linda boca
embalsamado sale con tu aliento.

Y yo Rosa, te encuentro tan divina,
que un ángel envidiara tus hechizos,
tan pura como el aura vespertina,
jugando de las olas con los rizos.

Eres tú la ilusión de mis amores
y la diosa de mi alma enamorada,
isla preciosa de benditas flores
en un mar de pureza colocada.

Ensueño sacrosanto de ternura,
mi grande aspiración es poseerte;
si se agita la flor de mi ventura
el desengaño me dará la muerte.

2

Mas no, que pronto con eterna liga
para siempre mi bien, a ti enlazado
teniéndome a tus pies arrodillado,
me oirás hermosa, sin cesar decir:

A ti mujer, la de cabellos blondos,
de tez de raso, de inspirada frente,
la de ojos lindos, la de boca riente
a ti te amo, nomás, nomás a ti.

A ti tan fina como bucle de ángel,
tan blanca como hielo de Apenino,
hermosa cual topacio golcondino,
a ti te amo, nomás, nomás a ti.

A ti, mujer tan noble como el mártir,
a ti más tierno que de alondra el canto,
a ti más pura que del niño el llanto,
a ti te amo, nomás, nomás a ti.

A una ex bella

¿Eres tú?... ¿Eres tú la hada hermosa
a quien rendí mi corazón ingente?
¿Eres aquella peregrina diosa
que despreció mi culto reverente?
¡Vade retro!, ¡infeliz!... vieja asquerosa,
negro cadáver de ilusión ardiente,
poema de un amor santo, divino,
forrado en indecente pergamino.

¡Oh, cuánto, cuánto padecer me hiciste!
De mi llanto de fuego te reíste,
de mi fe candorosa te burlaste.
Todo al fin acabó... tú lo quisiste,
que en la senda del vicio te arrojaste,
y has encontrado en esa cloaca impura
una vejez infame y prematura.

Tu boca, ayer fragante como rosa,
se ha convertido en cueva tenebrosa
depósito de perlas incesantes,
donde bailan un par de flojos dientes;
y tu crencha tan fina, tan sedosa,
es ya mechón de canas indecentes;

¿y así te amaba yo?... ¡terrible chasco!
Si lo que inspiras tú es solo... asco.

Pobre mujer, en tu vejez temida,
en la horrible vejez, que da coraje,
eres muerta ilusión, fruta podrida,
árbol seco, cenizo, sin ramaje;
mariposa en gusano convertida;
pavo real desnudo de plumaje:
y qué ¿tu porvenir no te acobarda?
Vete ¡por Dios!... el hospital te aguarda.

Como el viento, fugaz es la hermosura;
es el lujo fantástica quimera:
las flores se convierten en basura,
los trajes van a dar a la hilachera,
y la epidermis de sin par blancura
es el forro de horrible calavera,
y los ojos brillantes, primorosos,
se vuelven agujeros asquerosos.

A una ramera

Mujer preciosa para el bien nacida,
mujer preciosa por mi mal hallada,
perla del solio del Señor caída
y en albañal inmundo sepultada;
cándida rosa en el Edén crecida
y por manos infames deshojada;
cisne de cuello alabastrino y blando
en indecente bacanal cantando.

Objeto vil de mi pasión sublime,
ramera infame a quien el alma adora.
¿Por qué ese Dios ha colocado, dime
el candor en tu faz engañadora?
¿Por qué el reflejo de su gloria imprime
en tu dulce mirar? ¿Por qué atesora
hechizos mil en tu redondo seno,
si hay en tu corazón lodo y veneno?

Copa de bendición de llanto llena,
do el crimen su ponzoña ha derramado;
ángel que el cielo abandonó sin pena,
y en brazos del demonio ha entregado;
mujer más pura que la luz serena,

más negra que la sombra del pecado,
oye y perdona si al cantarte lloro;
porque, ángel o demonio, yo te adoro.

Por la senda del mundo yo vagaba
indiferente en medio de los seres;
de la virtud y el vicio me burlaba,
me reí del amor, de las mujeres,
que amar a una mujer nunca pensaba;
y"jcstiado de pesares y placeres
siempre vivió con el amor en guerra
mi ya gastado corazón de tierra.

Pero te vi... te vi... ¡Maldita hora
en que te vi, mujer! Dejaste herida
a mi alma que te adora, como adora
el alma que de llanto está nutrida;
horrible sufrimiento me devora,
que hiciste la desgracia de mi vida.
Mas dolor tan inmenso, tan profundo,
no lo cambio, mujer, por todo el mundo.

¿Eres demonio que arrojó el infierno
para abrirme una herida mal cerrada?
¿Eres un ángel que mandó el Eterno
a velar mi existencia infortunada?
¿Este amor tan ardiente, tan interno,
me enaltece, mujer, o me degrada?
No lo sé... no lo sé... yo pierdo el juicio.
¿Eres el vicio tú? ... ¡adoro el vicio!

¡Ámame tú también! Seré tu esclavo,
tu pobre perro que doquier te siga;

seré feliz si con mi sangre lavo
tu huella, aunque al seguirte me persiga
ridículo y deshonra; al cabo... al cabo,
nada me importa lo que el mundo diga.
Nada me importa tu manchada historia
si a través de tus ojos veo la gloria.

Yo mendigo, mujer, y tú ramera,
descalzos por el mundo marcharemos;
que el mundo nos desprecie cuando quiera,
en nuestro amor un mundo encontraremos.
Y si, horrible miseria nos espera,
ni de un rey por el otro la daremos;
que cubiertos de andrajos asquerosos,
dos corazones latirán dichosos.

Un calvario maldito hallé en la vida
en el que mis creencias expiraron,
y al abrirme los hombres una herida,
de odio profundo el alma me llenaron.
Por eso el alma de rencor henchida
odia lo que ellos aman, lo que amaron,
y a ti sola, mujer, a ti yo entrego
todo ese amor que a los mortales niego.

Porque nací, mujer, para adorarte
y la vida sin ti me es fastidiosa,
que mi único placer es contemplarte,
aunque tú halles mi pasión odiosa,
yo, nunca, nunca, dejaré de amarte.
Ojalá que tuviera alguna cosa
más que la vida y el honor, más cara
y por ti sin violencia la inmolara.

Sólo tengo una madre, ¡me ama tanto!
Sus pechos mi niñez alimentaron,
y mi sed apagó su tierno llanto,
y sus vigilias hombre me formaron.

A ese ángel para mí tan santo,
última fe de creencias que pasaron,
a ese ángel de bondad, ¡quién lo creyera!,
olvido por tu amor... ¡loca ramera!
Sé que tu amor no me dará placeres,
sé que burlas mis grandes sacrificios.
Eres tú la más vil de las mujeres;
conozco tu maldad, tus artificios.
Pero te amo, mujer, te amo como eres;
amo tu perversión, amo tus vicios,
y aunque maldigo el fuego en que me inflamo,
mientras más vil te encuentro, más te amo.

Quiero besar tu planta a cada instante,
morir contigo de placer beodo;
porque es tuya mi mente delirante,
y tuyo es ¡ay! mi corazón de lodo.
Yo que soy en amores inconstante,
hoy me siento por ti capaz de todo.
Por ti será mi corazón do imperas,
virtuoso, criminal, lo que tú quieras.

Yo me siento con fuerza muy sobrada,
y hasta un niño me vence sin empeño.
¿Soy águila que duerme encadenada,
o vil gusano que titán me sueño?
Yo no sé si soy mucho, o si soy nada;
si soy átomo grande o dios pequeño;

pero gusano o dios, débil o fuerte,
sólo sé que soy tuyo hasta la muerte.

No me importa lo que eres, lo que has sido,
porque en vez de razón para juzgarte,
yo sólo tengo de ternura henchido
gigante corazón para adorarte.
Seré tu redención, seré tu olvido,
y de ese fango vil vendré a sacarte;
que si los vicios en tu ser se imprimen
mi pasión es más grande que tu crimen.

Es tu amor nada más lo que ambiciono,
con tu imagen soñando me desvelo;
de tu voz con el eco me emociono,
y por darte la dicha que yo anhelo
si fuera rey, te regalara un trono;
si fuera Dios, te regalara un cielo.
Y si Dios de ese Dios tan grande fuera,
me arrojara a tus plantas, vil ramera.

Amor

¿Por qué si tus ojos miro
me miras tú con enojos,
cuando por ellos deliro,
y a la luz del cielo admiro
en el éter de tus ojos?

Cansado de padecer
y cansado de cansarte,
y queriendo sin querer,
finjo amor a otra mujer
con la ilusión de olvidarte.

No es mi estrella tan odiosa:
que en fugaces amoríos,
como ave de rosa en rosa
yo voy de hermosa en hermosa
y no lamento desvíos.

Pero el favor de las bellas
irrita más la pasión
que ardiente busca tus huellas,
y al ir mis ojos tras ellas
vuela a ti mi corazón.

Así un proscrito tenía
goces en extraño suelo
y volvió a su patria un día
por mirar en su agonía
la linda luz de su cielo.

De ti proscrito y dejando
las rosas por tus abrojos,
vuelvo a tus pies suspirando,
por mirar agonizando
la linda luz de tus ojos.

Cantares

Te adoré como a una virgen
cuando conocí tu cara;
pero dejé de adorarte
cuando conocí tu alma.

Cuestión de vida o muerte
son las pasiones,
si alguien lo duda, deja
que se apasione.

Las heridas del alma
las cura el tiempo,
y por eso incurables
son en los viejos.

Los astros serán, mi vida,
más que tus ojos hermosos;
pero a mí más que los astros
me gustan, linda, tus ojos.

¡Déjala!

Toma niña, este búcaro de flores;
tiene azucenas de gentil blancura
lirios fragantes y claveles rojos,
tiene también camelias, amaranto
y rosas sin abrojos,
rosas de raso, cuyo seno ofrecen
urnas de almíbar con esencia pura,
que en sus broches de oro se estremecen.

Admítelas, amor de mis amores,
admítelas, mi encanto;
las cristalinas gotas de mi llanto,
tibio llanto que brota
del alma de una madre que en ti piensa,
y por eso hallarás en cada gota
emblema santo de ternura inmensa.

Una tarde de abril, así decía,
sollozante, mi esposa infortunada,
a mi hija indiferente que dormía
en su lecho de tablas reclinada;
y como Herminia, ¡nada!;
nada en su egoísmo respondía

a esa voz que me estaba asesinando.
La madre entonces se alejó llorando,
y ella en la tumba continuó durmiendo.
"Déjala dije, —tu dolor comprendo..."

Flor de un día

Yo di un eterno adiós a los placeres
cuando la pena doblegó mi frente,
y me soñé, mujer, indiferente
al estúpido amor de las mujeres.

En mi orgullo insensato yo creía
que estaba el mundo para mí desierto,
y que en lugar de corazón tenía
una insensible lápida de muerto.

Mas despertaste tú mis ilusiones
con embusteras frases de cariño,
y dejaron su tumba las pasiones
y te entregué mi corazón de niño.

No extraño que quisieras provocarme,
ni extraño que lograras encenderme;
porque fuiste capaz de sospecharme,
pero no eres capaz de comprenderme.

¿Me encendiste en amor con tus encantos,
porque nací con alma de coplero,
y buscaste el incienso de mis cantos?...
¿Me crees, por ventura, pebetero?

No esperes ya que tu piedad implore,
volviendo con mi amor a importunarte;
aunque rendido el corazón te adore,
el orgullo me ordena abandonarte.

Yo seguiré con mi penar impío,
mientras que gozas envidiable calma;
tú me dejas la duda y el vacío,
y yo en cambio, mujer, te dejo el alma.

Porque eterno será mi amor profundo,
que en ti pienso constante y desgraciado,
como piensa en la gloria el condenado,
como piensa en la vida el moribundo.

Lejos de ti

Lejos de ti, mujer encantadora,
sólo encuentro fastidio en derredor;
fastidio horrible al corazón devora,
porque sin ti no alienta el corazón.

Lejos de ti, el triste pensamiento
tu imagen halla sin cesar doquier,
y tu imagen divina es mi tormento,
y tu imagen divina es mi placer.

Lejos de ti, si miro a otras mujeres
radiantes de belleza y juventud,
no ambiciono sus mágicos placeres.
que mi único placer, linda, eres tú.

Lejos de ti, no encuentro qué me halague,
en ti pienso las horas sin contar;
y al querer que la mente se divague,
entonces en ti pienso más y más.

Lejos de ti, de noche en mi retiro
es cuando más estoy cerca de ti,
porque tu imagen en el sueño miro
bañada de pureza junto a mí.

Lejos de ti, la vida es un desierto,
porque lejos de ti, mujer estoy
como sin aire las canoras aves,
como sin agua la marchita flor.

Lejos de ti, no vivo, bien lo sabes:
un horizonte lúgubre, sin luz,
océano con lágrimas sin puerto,
un sudario maldito, un ataúd.

Lejos de ti, mi vida es el hastío;
porque mi vida absorbe la pasión,
como absorbe a la gloria de rocío
la arena del desierto abrasador.

Lejos de ti, con júbilo muriera
si enterrarme quisieran a tus pies,
y cadáver tus lágrimas sintiera
sobre mi yerto corazón caer.

Lejos de ti, mi frente está abatida;
lejos de ti, mujer no soy feliz;
lejos de ti, no quiero ni la vida,
que vivir no es, vivir lejos de ti.

No te olvido

¿Y temes que otro amor mi amor destruya?
Qué mal conoces lo que pasa en mí;
no tengo más que un alma, que es ya tuya,
y un solo corazón, que ya te di.

¿Y temes que placeres borrascosos
arranquen ¡ay! del corazón la fe?
Para mí los placeres son odiosos;
en ti pensar es todo mi placer.

Aquí abundan mujeres deslumbrantes,
reinas que esclavas de la moda son,
y ataviadas de sedas y brillantes,
sus ojos queman, como quema el sol.

De esas bellas fascinan los hechizos,
néctar manan sus labios de carmín;
mas con su arte y su lujo y sus postizos,
ninguna puede compararse a ti.

A pesar de su grande poderío,
carecen de tus gracias y virtud,
y todas ellas juntas, ángel mío,
valer no pueden lo que vales tú.

Es tan ingente tu sin par pureza,
y tan ingente tu hermosura es,
que alzar puede su templo la belleza
con el polvo que oprimes con tus pies.

Con razón me consume negro hastío
desde que te hallas tú lejos de aquí,
y con razón el pensamiento mío
sólo tiene memoria para ti.

Yo pienso en ti con ardoroso empeño,
y siempre miro tu divina faz,
y pronuncio tu nombre cuando sueño,
y pronuncio tu nombre al despertar.

Si del vaivén del mundo me retiro,
y ávido de estudiar quiero leer,
entre las letras ¡ay! tu imagen miro,
tu linda imagen de mi vida ser.

Late por ti mi corazón de fuego,
te necesito como el alma a Dios;
eres la virgen que idolatro ciego;
eres la gloria con que sueño yo.

Una lágrima

Yo, mujer, te adoré con el delirio
con que adoran los ángeles a Dios;
eras, mujer, el pudoroso lirio
que en los jardines del Edén brotó.

Eras la estrella que radió en Oriente,
argentando mi cielo con su luz;
eras divina cual de Dios la frente;
eras la virgen de mis sueños, tú.

Eras la flor que en mi fatal camino
escondida entre abrojos encontré,
y el néctar de su cáliz purpurino,
delirante de amor, loco apuré.

Eras de mi alma la sublime esencia;
me fascinaste como al Inca el sol;
eras tú de mi amor santa creencia;
eras, en fin, mujer, mi salvación.

Bajo prisma brillante de colores
me hiciste el universo contemplar,
y a tu lado soñé de luz y flores
en Edén transparente de cristal.

En éxtasis de amor, loco de celos,
con tu imagen soñando me embriagué:
y linda cual reina de los cielos,
con los ojos del alma te miré.

¿No recuerdas, mujer, cuando de hinojos
yo juntaba mi frente con tu frente,
tomando un beso de tus labios rojos,
y la luna miré, como en la fuente,
reproducirse en tus divinos ojos?

¿No recuerdas, mujer, cuando extasiada
al penetrar de amor en el sagrario,
languideció tu angélica mirada?...
Tú eras una flor, flor perfumada;
yo derramé la vida en tu nectario.

¡Mas todo es ilusión! ¡Todo se agota!
Nace la espina con flor; ¿qué quieres?
de ponzoña letal cayó una gota
y el cáliz amargo de los placeres.

Los gratos sueños que la amante embriagan
fantasmas son que al despertar se alejan;
y si un instante al corazón halagan,
eterna herida al corazón le dejan.

Tal es del hombre la terrible historia;
tal de mentira su fugaz ventura:
tras un instante de mundana gloria
amarga hiel el corazón apura.

Por eso al fin sin esperanza, triste,
murió mi corazón con su delirio;

y al expirar, mujer, tú le pusiste
la punzante corona del martirio.

Y seco yace en lecho funerario
el pobre corazón que hiciste trizas;
tu amor le puso el tétrico sudario,
y un altar te levantan sus cenizas.

Tras de la dicha que veló el misterio,
siguió cual sombra el torcedor maldito,
trocando el cielo en triste cementerio...
confórmate, mujer... ¡estaba escrito!

Carlos Pellicer

Poeta y museólogo mexicano nacido en Tabasco en 1899. Viajero apasionado y poeta de recintos cerrados, fue cantor de los grandes ríos, de la selva y el sol. Su obra, toda una poesía con su pluralidad de géneros, se resuelve en una luminosa metáfora, en una interminable alabanza del mundo: Pellicer es el mismo de principio a fin. "Piedra de sacrificios", en 1924; "Hora de junio", en 1937; "Exágonos", en 1941; "Subordinaciones", en 1948 y "Con palabras y fuego", en 1963, hacen parte de su extensa obra poética. Falleció en 1977.

¿Qué harás?

¿Qué harás? ¿En qué momento
tus ojos pensarán en mis caricias?
¿Y frente a cuáles cosas, de repente,
dejarás, en silencio, una sonrisa?
Y si en la calle
hallas mi boca triste en otra gente,
¿la seguirás?
¿Qué harás si en los comercios —semejanzas—
algo de mí encuentras?
¿Qué harás?
¿Y si en el campo un grupo de palmeras
o un grupo de palomas o uno de figuras
vieras?
(Las estrofas brillan en sus aventuras
de desnudas imágenes primeras.)

¿Y si al pasar frente a la casa abierta,
alguien adentro grita: ¡Carlos!?
¿Habrá en tu corazón el buen latido?
¿Cómo será el acento de tu paso?

Tu carta trae el perfume predilecto.
Yo la beso y la aspiro.

En el rápido drama de un suspiro
la alcoba se encamina hacia otro aspecto.
¿Qué harás?
Los versos tienen ya los ojos fijos.
La actitud se prolonga. De las manos
caen papel y lápiz. Infinito
es el recuerdo. Se oyen en el campo
las cosas de la noche. —Una vez
te hallé en el tranvía y no me viste.
—Atravesando un bosque ambos lloramos.
—Hay dos sitios malditos en la ciudad. ¿Me diste
tu dirección la noche del infierno?
—...Y yo creí morirme mirándote llorar.
Yo soy...
Y me sacude el viento.
¿Qué harás?

Recinto

Antes que otro poema
— del mar, de la tierra o del cielo —
venga a ceñir mi voz, a tu esperada
persona limitándome, corono
más alto que la excelsa geografía
de nuestro amor, el reino ilimitado.
Y a ti, por ti y en ti vivo y adoro.
Y el silencioso beso que en tus manos
tan dulcemente dejo,
arrinconada mi voz,
al sentirme tan cerca de tu vida.
Antes que otro poema
me engarce en sus retóricas,
yo me inclino a beber el agua, fuente
de tu amor en tus manos, que no apagan
mi sed de ti, porque tus dulces manos
me dejan en los labios las arenas
de una divina sed.
Y así eres el desierto por
el cuádruple horizonte de las ansias
que suscitas en mí; por el oasis
que hay en tu corazón para mi viaje
que en ti, por ti, y a ti voy alineando,

con la alegría del paisaje nido
que voltea cuadernos de sembrados.
Antes que otro poema
tome la ciudadela a fuego ritmo,
yo te digo, callando,
lo que el alma en los ojos dice sólo.
La mirada desnuda, sin historia,
ya estés junto, ya lejos,
ya tan cerca o tan lejos o cerca reprimirse
y apoderarse en la luz de un orbe lágrima,
allá, aquí, presente, ausente,
por ti, a ti, y en ti, oh ser amado,
adorada persona
por quien —secretamente— así he cantado.

Al dejar un alma

Agua crepuscular, agua sedienta,
se te van como sílabas los pájaros tardíos.
Meciéndose en los álamos el viento te descuentan
la dicha de tus ojos bebiéndose en los míos.
Alié mi pensamiento a tus goces sombríos
y gusté la dulzura de tus palabras lentas.
Tú alargaste crepúsculos en mis manos sedientas:
yo devoré en el pan tus trágicos estíos.
Mis manos quedarán húmedas de tu seno.
De mis obstinaciones te quedará el veneno,
flotante flor de angustia que bautizó el destino.
De nuestros dos silencios ha de brotar un día
el agua luminosa que dé un azul divino
al fondo de cipreses de tu alma y de la mía.

Yo acaricio el paisaje...

Yo acaricio el paisaje,
oh adorada persona
que oíste mis poemas y que ahora
tu cabeza reclinas en mi brazo.
(...) Detrás de un cerro grande
va estallando una nube lentamente.
Su sorpresa
es como nuestra dicha: ¡tan primera!
Lo inaugural que en nuestro amor es clave
de toda plenitud.
El aire tiembla a nuestros pies. Yo tengo
tu cabeza en mi pecho. Todo cuaja
la transparencia enorme de un silencio
panorámico, terso,
apoyado en el pálido delirio
de besar tus mejillas en silencio.

Si junto a ti las horas se apresuran...

Si junto a ti las horas se apresuran
a quedarse en nosotros para siempre,
hoy que tu dulce ausencia me encarcela,
la dispersión del tiempo en mis talones
y en mis oídos y en mis ojos siento.
Yo no sé caminar sino hacia ti,
ni escuchar otra voz que aquella noble
voz que del vaho borde de la dicha
vuela para decirme las palabras
que aguzaron el agua del poema.
¡Decir tu nombre entre palabras vivas
sin que nadie lo escuche!
Y escucharlo yo solo desde el fino
silencio del papel, en la penumbra
que va dejando el lápiz, en las últimas
presencias silenciosas del poema.

Yo leía poemas y tú estabas...

Yo leía poemas y tú estabas
tan cerca de mi voz que poesía
era nuestra unidad y el verso apenas
la pulsación remota de la carne.
Yo leía poemas de tu amor.
Y la belleza de los infinitos
instantes, la imperante sutileza
del tiempo coronado, las imágenes
cogidas de camino con el aire
de tu voz junto a mí,
nos fueron envolviendo en la espiral
de una indecible y alta y flor ternura
en cuyas ondas últimas — primera —
tembló tu llanto humilde y silencioso
y la pausa fue así. — ¡Con qué dulzura
besé tu rostro y te junté a mi pecho!
Nunca mis labios fueron tan sumisos,
nunca mi corazón fue más eterno,
nunca mi vida fue más justa y clara.
Y estuvimos así, sin una sola
palabra que apedreara aquel silencio.

Escuchando los dos la propia música
cuya embriaguez domina

sin un solo ademán que algo destruya,
en una piedra excelsa de quietud
cuya espaciosa solidez afirma
el luminoso vuelo, las inmóviles
quietudes que en las pausas del amor
una lágrima sola cambia el cielo
de los ojos del valle y una nube
pone sordina al coro del paisaje
y el alma va cayendo en el abismo
del deleite sin fin.
Cuando vuelva a leerte esos poemas,
¿me eclipsarás de nuevo con tu lágrima?

En el silencio de la casa, tú...

En el silencio de la casa, tú,
y en mi voz la presencia de tu nombre
besado entre la nube de la ausencia
manzana aérea de las soledades.
Todo a puertas cerradas, la quietud
de esperarte es vanguardia de heroísmo,
vigilando el ejército de abrazos
y el gran plan de la dicha.
Yo no sé caminar sino hacia ti,
por el camino suave de mirarte
poner mis labios junto a mis preguntas
—sencilla, eterna flor de preguntarte—
y escucharte así en mí ¡y a sangre y fuego
rechazar, luminoso, las penumbras...!
Manzana aérea de las soledades,
bocado silencioso de la ausencia,
palabra en viaje, ropa del invierno
que hará la desnudez de las praderas.
Tú en el silencio de la casa. Yo
en tus labios de ausencia, aquí tan cerca
que entre los dos la ronda de palabras
se funde en la mejor que da el poema.

Hoy que has vuelto...

Hoy que has vuelto, los dos hemos callado,
y sólo nuestros viejos pensamientos
alumbraron la dulce oscuridad
de estar juntos y no decirse nada.
Sólo las manos se estrecharon tanto
como rompiendo el hierro de la ausencia.
¡Si una nube eclipsara nuestras vidas!
Deja en mi corazón las voces nuevas,
el asalto clarísimo, presente,
de tu persona sobre los paisajes
que hay en mí para el aire de tu vida.

La primera tristeza ha llegado...

La primera tristeza ha llegado. Tus ojos
fueron indiferentes a los míos. Tus manos
no estrecharon mis manos.
Yo te besé y tu rostro era la piedra seca
de las alturas vírgenes. Tus labios encerraron
en su prisión inútil mi primera amargura.
En vano tu cabeza puse en mi hombro y en vano
besé tus ojos. Eras el oasis cruel
que envenenó sus aguas y enloqueció a la sed.
Y se fue levantando del horizonte una
nube. Su tez morena voló a color. De nuevo
fue oscureciendo el tono de los días de antes.
Yo abandoné tu rostro y mis manos
ausentaron las tuyas. Mi voz se hizo silencio.
Era el silencio horrible de los frutos podridos.
Oí que en mi garganta tropezó la derrota
con las piedras fatales.
Yo me cubrí los ojos
para no ver las lágrimas que huían hacia mí.
Luego tú me besaste, dijiste algo. Yo oía
llorar mis propias lágrimas en el primer silencio
de la primera tristeza. El alma de ese día
llegó de lejos —tu alma— y se quedó en mi pecho.

Efraín Bartolomé

$\mathcal{P}$oeta mexicano nacido en Ocosingo, Chiapas, en 1950. Estudió psicología e inició su trayectoria literaria en 1982 con la publicación de "Ojo de jaguar". Posteriormente publicó: "Ciudad bajo el relámpago", en 1983; "Música solar", en 1984; "Cuadernos contra el ángel", en 1987; "Mínima animalia", en 1991; "Cantos para la joven concubina y otros poemas dispersos", en 1991; "Cirio para Roberto", en 1993; la edición trilingüe de "Ala del sur", en 1993 y "Partes un verso a la mitad y sangra", en 1997.

Canto en voz baja

Éste es un canto para ti
Entero como el aire que pasa y acaricia las flores del durazno
Feliz como una noche total
Dulce como los niños que se enamoran de su maestra
y no saben decir dónde les duele y lloran

Éste es el canto de tu cabello largo como la tarde
Arroyo donde el sol se sumerge
Agua donde mis dedos arden como peces
Red que sale del mar cargada de colores
Arena fina entre mis manos

Éste es el canto de tu mirada que hace danzar los árboles
Que hace hermosos a los perros y al aire triste de la ciudad
y a la ciudad y sus muertes innumerables

Canto a tu mirada
Refugio de la luz
casa del día como quien canta las pozas
bajo la espesura de los bosques
Canto la frescura y el brillo
la calma y la tentación del hundimiento

Éste es un río que de golpe avanza
y se transforma en viento sobre los pastizales
y se hace luz sobre el espacio azul.

Canto tus labios que tienen el grosor de la dicha
y se encienden como mínimos astros
en el instante en que los rosa
levísima
el ala del deseo

Canto tu lengua frutal
que deja reposar su tacto sobre los labios rojos
que se posa en los dientes y los envuelve y acaricia y enloquece
y los hace morder
raíz oscura
la pulpa del deseo

Canto tu talle besado por el día
Luminoso tobogán que va de la razón hasta el delirio

Canto tu grupa tensa de potranca
Viva como el trino de todos los pájaros del mundo
Tus ancas plenas como sandías
jugosas y mordibles como manzanas madurísimas bajo
el ocio del sol
Nido de mis manos hechas palomas tibias
Libro en que se lee la historia verdadera del hombre
De los hombres

Tus nalgas pesan en mis muslos con la densidad de la tibieza
Se mueven con un sentido exacto de rotación
Duermen junto a mí por el tiempo necesario
Y no se sacian nunca
Y no me sacian nunca

Canto tus rodillas vivas
relucientes
Tus muslos tersos y fragantes como el interior de un mango
Tus pies tibios y dulces
suaves y delicados
amorosos y tiernos como la mirada del huérfano

Canto tus pechos que se levantan de la blancura total
Tus pechos y su redondez total
Tus pechos y su aureola perfectísima
impresionable como la planta sensitiva al soplo al toque
mínimo

Canto tus pezones
Canto el color de tus pezones
Canto el color de tabaco en tus pezones

Éste es
en fin
el río que gota a gota te construyo

He querido cantar sobre el papel como sobre tu cuerpo

He quedado rendido
Lacio y fatigado como los días después del temporal

Déjame descansar junto a tu cuerpo
    Sobre tu vientre

    Arrópame.

La luna

Para mi joven concubina
La Hechicera
esta lenta madrugada que se alarga
en el canto quebradizo del gallo
esta luna creciente cuya punta filosa
ha comenzado a desgarrar la cuajada negrura:
una brillante sangre empezará a fluir

Para mi joven concubina
este pequeño montón tibio:
ceniza del insomnio
y este hueco: mi costillar vació
donde golpea mi corazón
con un sonido que se apaga
poco a poco
en la noche

Pequeña concubina:
no mires hacia atrás

Yo te estaré mirando desde cualquier rincón
como un duende

como un desasosiego
como un presentimiento
como una sombra rápida que cruza la ventana.

*

Sólo una Diosa es Antes y es Después
Sólo una Diosa sobrevive al Desastre
Y ella está con nosotros.

*

Me mordió con su diente suavísimo el Amor
por la joven concubina
la pequeña paloma
de luminosa risa
la hija de la Gracia
en cuyo nombre enciendo
junto a mi corazón
esta violeta blanca.

*

Recuerdo su perfume su piel
su cabello mojado por la lluvia amorosa
y lo siento llegar:
como Zeus ante Europa
en mi cuerpo se está forjando un toro.

*

El vino de sus pechos purificó mis manos
Él de su lengua enrojeció
—todavía más—
mi corazón.

*

Amada concubina:
¿me amarás en uno en tres
en nueve en veintisiete años?

No lo sé

Pero he amado tu cuerpo en Primavera
y basta.

*

Regálame tu larga cabellera
mi joven concubina
Déjame verla ondeando con el viento
Envuélveme con ella
Óyeme bajo ella decir cuánto te amo

Te amo tanto así
pero quiero saber si con tu cabellera
crece también mi amor

¿Por qué quiero jugar con el Abismo?

Sólo la Luna sabe.

*

El año en que naciste yo era un joven.
Tenía quince años:
soñaba con muchachos como tú.

*

Mil kilómetros separan nuestros cuerpos
Ahora justo ahora que vemos los dos
en este mismo instante
la misma Diosa Luna
a la que amamos con un único amor.

*

No tengo imagen tuya:
mi Imaginación es tuya.

*

En tu frente en tus mejillas
en tus ojos en tu cabello
deposité con besos mi ternura

En tu boca no: en tu boca
sólo el salvaje Deseo el loco amor.

*

Te amo tanto que no me importa si tú me amas a mí.

Pero me amas, oh Fortuna
¡Me amas!

*

Ah, el Amor en el sueño. Cómo crece, cómo acentúa su
gloria, cómo se magnifica. Yo soñaba con una concubi-
na de risa deliciosa, de boca fresca, pechos a la medida
de mi Amor y muslos del tamaño del ardiente deseo.
Despierto
Y aquí estás sonriendo.
Oh mi Luna creciente.

*

Es cierto: yo adoro a una Diosa que no se sacia nunca. Ahora habita en tu cuerpo y — aunque es imposible— me gustaría que en ti se quedara para siempre.

*

¿La joven concubina recuerda mis palabras, el tono de mi voz, el tacto de mis manos en sus redondas nalgas, el sabor de mis besos, mis más dulces miradas? ¿Se estremece, suspira, sonríe tiernamente, llora a veces?

Sólo la Luna sabe

*

¡Cómo luchamos contra el Sueño para estar juntos un corto tiempo más! Pero el Sueño venció para nuestra fortuna, pues, como un dios bondadoso, nos hizo estar más juntos bajo su mano amante.

*

Gracias, oh Dios, por los pies de mi joven concubina. Gracias por sus piernas y sus muslos; mas, sobre todo, gracias por la divina perfección de la pequeña plaza de su vientre, donde su ombligo luce con tal delicadeza que compite con el triángulo amado de crespo vello renegrido, donde ahora hundo mi rostro en busca de una perla para ti.

*

He visto aparecer el sol desde tu cuerpo, tras una noche en vela junto a tu desnudez, en compañía de la Luna y las ardientes constelaciones. ¿Por qué, entonces, estas lágrimas inexplicables?

*

Digo con Li Tai-pe:
La nueva amada
es fascinada como una flor
mas la antigua
es tan preciosa como el jade

¿Uno qué puede hacer
sino besar la flor
acariciar el jade
y adorar a la Diosa?

Desde el más personal...

Desde el más personal de todos los silencios
tu vestido desciende
                    para aclarar el mundo

Cubres de sol mi piel
Propagas en mis muslos el motín de la carne

Mis párpados se cierran
Siento tu tacto hundiéndose
Buscando suaves luces
                    piel adentro.

Después te dormirás

Después te dormirás
                    Bajo tus ojos se dormirá el sueño
La piel no duerme nunca
                    Me mantiene despierto
Por eso no quiero ver tus labios
                              en silencio
                                    dormidos
Quisiera despertarte
                    Traspasar la delgada película del sueño
Habla
        Que todo viva
                    No quiero más este apagado grito.

El regreso

Las tres de la mañana

El invierno planea
entre jirones densos de la noche
y los pies trashumantes de la niebla

Las ráfagas que vienen de sus alas
zumban entre las ramas:
congelan el rocío en las ventanas

Afuera todo es frío

Pero yo vengo de tu cuerpo
Y estoy alegre
reposado
tibio.

Por las calles vacías sigo tu auto

La madrugada arrastra su cabellera larga

Vengo de estar en ti

Con cada fibra muscular bebí tu cuerpo
Fui por el túnel del deslumbramiento
como el que va cayendo en sueños

Vengo de ahí
De los labios donde una herida roja
bebió la vida en otra
Ahora recorremos las calles somnolientas
Vamos por la ciudad
como si fuera una extensión del lecho.

*

Ante el golpe de luz con que las hiere el auto
las piedras se incorporan   van cerrando la calle
Los árboles arrancan su cuerpo de la sombra
Ahora somos la calma
el reposo del mundo
la oscuridad

Eres de agua

Eres de agua
        En ti
             la claridad
a golpe de sí misma
                se oscurece
De agua
        Lo supe siempre
Eres de agua
           Profunda
Transparente.

Mujer

Viajar en ti
quiere decir quedarse

Pero yaces ahí...

Pero yaces ahí   un poco más allá de mi piel

                                    y no te veo:

me tocan

        con ligero aletear

                    tus movimientos

Sé de tus labios blandos
Sé del pensar solemne de tu respiración
y de la tibia caricia solar bajo tus dedos

Estoy aquí

          y no sé dónde comienza el frío
No sé si viene de los tejados negros
Si nace de la luz bajo la puerta
o de la claridad que la ventana no detiene

No sé si existe en realidad la música
o son ciertas las voces que recorren la calle

Pero todo está ahí:
la niebla gris vagando por San Diego

            por la Isla y la Almolonga
por el Arco del Carmen oscuramente antigua

Pero tú estás aquí   tan cerca de estos labios de pronto
                                                    enmudecidos

Y te amo
             Amo el escándalo oscuro de tu cabello
La desolación pensativa de tu frente
Viajo despacio por tu rostro
                                        Vago por tus labios
Voy por la plenitud fértil de tu cuello
Amo tu carne que alimenta mis brazos
tus muslos por donde mi deseo navega
la forma hundida de tu piel bajo el vagabundear
        abandonado
                  de mis dedos

(Qué más deseo entonces   Por qué no estoy tranquilo
             Qué torpe eternidad estoy buscando)

Regreso   Estoy de nuevo errando por tu rostro
En cada retirada de las sombras
En los milímetros que el sol recorre borrando la penumbra

Afuera
          la niebla se deshace en los brazos del día
Bajo el balcón crece la sombra indígena que vende
Surgen voces más claras
                              Ruidos
             Rumor del vecindario que
                                        despierta

Te vas entonces con la niebla
Desapareces por la hilera de cerros que bajan a Palenque
Hacia los grandes ríos
        Hacia la lejanía entrañable de las imágenes.

Te contemplo desnuda

Te contemplo desnuda
                Soy
                        un cuchillo redondo
                                    que te apunta.

Se iluminan los cuadros   Los más lejanos soles resplandecen:
tus muslos   lentos   se abren.

No existe un solo pensamiento
                          Sólo la claridad que nos habita
La decidida vocación del pedernal
                      que a embates repetidos
quemó la historia
            con su llama.

Tú me conoces ya como la palma de la mano

Tú me conoces ya como la palma de tu mano
Soy esta acumulación lenta de imágenes
este puño de tierra húmeda en que palpita un breve corazón
de oro limpio

Tú me conoces
                    Soy un poco de sombra herida por un alambre
tenso

Soy mis sentidos como un pozo en que la luz desciende
La luz es un panal que gotea sol
un sol que gotea luz
un árbol derramando su follaje cuajado de sentidos
        como un ave
                    sus plumas
Digo "tú me conoces"
y algo más grande que mi cuerpo me envuelve
        en una manta tibia

Digo "tú me conoces"
y una pluma brillante de pavo real desliza su silencio
        sobre mi piel
                    desnuda.

En mi sangre navega un río de palomas
En mi sangre navega un río de palabras
En mi sangre navega tu voz densa
como un aguacero que ilumina el relámpago

Tú me conoces   A veces
                   soy un bronco tropel de potros negros
Soy un cuchillo de diamante atravesando el seno de la ternura
Soy un lamento lamido por el mal
Soy el sol de la dicha derramado en tu piel
Soy un largo torrente de terrores
Soy un alado escalofrío en la columna vertebral del diablo
Soy la guanábana goteando en la boca reseca de la Sed
Soy la lanza en el hombro de este verso

        (Me sabe a verso el beso de la mujer que amo
        Me sabe a verso el vaso en que me bebo
        Me sabe a verso el vicio de mi vaso
        Me sabe a vicio el vaso en que buceo)

Vuela en el espejismo de la tarde soleada una ligera sal
un leve olor marino:
                un aliento marino me atrofia la garganta.
Sale un alarido alargándose hasta el hastío
Por mis manos escapa el estilete del verso
Por mis manos escupe la poesía su espumarajo negro

Un aliento marino me levanta
Aletea en mi olfato   Tensa mi piel
Pone alas en la ola

En las islas flotantes de los lirios hace su nido el sol
   de la blancura

Tú me conoces:

            sólo el lirio es capaz de ahogar el agua

Tú me conoces

Soy la feliz fatiga de mi fruto

Amo y amo y amo

y el alma se adelgaza hasta la flama

Amo y amo

        hasta que el alma lame lumbre

y amo

     hasta el alma del hambre

       hasta que el alma alumbre

         hasta que el alma herrumbre

        los alambres del hombre.

Uno ama   es amado...

Uno ama   Es amado   Saca rosas rojísimas de la piedra
                                                    más negra
Vive   —en resumen—   Ríe
                              Cultiva su jardín en las tinieblas
Uno no necesita más que tiempo quemándose a su paso
                  como   una hoguera suave
Marchando   pues   al ritmo de la sangre
sobre las tardes tibias y empedradas

Pero un día conoce la temperatura del Deseo:
Una la ama toda la tarde bajo la tempestad
Un día sus labios queman con dulcísimo sol el hombro de uno
        Una noche la sueña: cruza con ella ríos inesperados

Uno ya no es el mismo
     mira su rostro en el espejo redondo de su vino
          en el espejo donde uno se disuelve

Se hace pequeño el mundo

Ya no le alcanza el aire
                    el día
                        la luna de antes

Uno despierta un día sobre el lecho de siempre

                    y se encuentra   más solo

Uno se pone triste de repente

Uno se ve las manos en la luz: algo les falta

Uno siente sus brazos vacíos   su hombro sin peso

     Uno quiere de pronto tener alas

     Uno no está con uno en ningún lado

     Uno

        ya

          es

           Otro.

Yo te beso

Yo te beso
Frente a la destrucción y el aire sucio
                                    te beso
En el estruendo de los automóviles
                        — la migraña del día —
te beso
En el festín de los ladrones
En el pozo de los iracundos
Ante el cuchillo de los asesinos
Ante la baba fóbica de los intolerantes
Frente a la sangre agusanada de los corruptos
Frente a la mansedumbre
Frente a la podredumbre
Frente a la muchedumbre
Yo te beso de frente
Y el día empieza a caminar
                        con la frente muy alta.

Efraín Huerta

Poeta mexicano nacido en Guanajuato en 1914. Fue periodista profesional y crítico cinematográfico. Perteneció a la llamada "Generación de Taller", agrupación marcada por la guerra española. Su poesía, unas veces revolucionaria y otras tierna, está impregnada de sentimientos extremos que fluctúan entre la protesta y el amor. Entre sus libros publicados, vale la pena mencionar a "Fábula", "Géminis", "Metáfora" y "Pájaro Cascabel". Murió en la ciudad de México en 1982.

Eres, amor...

Eres, amor, el brazo con heridas
y la pisada en falso sobre un cielo.
Eres el que se duerme, solitario,
en el pequeño bosque de mi pecho.
Eres, amor, la flor del falso nombre.

Eres el viejo llanto y la tristeza,
la soledad y el río de la virtud,
el brutal aletazo del insomnio
y el sacrificio de una noche ciega.
Eres, amor, la flor del falso nombre.

Eres un frágil nido, recinto de veneno,
despiadada piedad, ángel caído,
enlutado candor de adolescencia
que hubiese transcurrido como un sueño.
Eres, amor, la flor del falso nombre.

Eres lo que me mata, lo que ahoga
el pequeño ideal de ir viviendo.
Eres desesperanza, triste estatua
de polvo nada más, de envidia sorda.
Eres, amor, la flor del falso nombre.

Ser de ti

1

Ser de ti y en tu rostro
asir nuestros espacios;
limitar lo invisible
muy cerca de tus labios.
Prenderme con mi noche
y olvidarme en tus aguas;
deshojar nuestros campos
en el cristal del aire.
En medio de mis años
intimar tus corolas
y en el claro de tu alma
deslizar mis delirios.
Ser de ti con la música
que inventamos al mundo
y en el contorno nuestro
cristalizar paisajes.

2

Nubes cerca de ti
flotando en medio
de la voz que del agua

se acerca a tus oídos.
¿Hacia dónde la luz
y las manos del viento?
Rojo algodón de nube
lejos y entre los árboles
una voz que fue tuya
o del agua o del aire.
¿En qué sitio la luz
y tus manos al viento?

3

Luz de luna de bahía
luz que bebía tu boca
con las ansias de los aires
y la inquietud de las olas
luz que bebía tu boca
con la figura ligera
y la suavidad de cielo
en que mis peces nadaban
con las ansias de los aires
y el miedo verde a la muerte
con sus doradas aletas
y sus gracias marineras
y la inquietud de las olas
resbalando en tu figura
como luz de luna abierta
deshecha en tus ojos frescos.

Absoluto amor

Como una limpia mañana de besos morenos
cuando las plumas de la aurora comenzaron
a marcar iniciales en el cielo. Como recta
caída y amanecer perfecto.
Amada inmensa
como un violeta de cobalto puro
y la palabra clara del deseo.
Gota de anís en el crepúsculo
te amo con aquella esperanza del suicida poeta
que se meció en el mar
con la más grande de las perezas románticas.
Te miro así
como mirarían las violetas una mañana
ahogada en un rocío de recuerdos.
Es la primera vez que un absoluto amor de oro
hace rumbo en mis venas.
Así lo creo te amo
y un orgullo de plata me corre por el cuerpo.

Estrella en alto

En el taller del alma maduran los deseos,
crece, fresca y lozana, la ternura,
imitando tu sombra,
inventando tu ausencia
tan honda y sostenida.
Hoy te sueño,
amante:
estrella en alto, huella
de una violeta lenta.
Oscuramente bella la soledad germina
en torno de mi cuerpo.
Hoy te sueño, amante:
jugamos a la brisa y al frío.
Tu nombre suena como tibia pureza inimitable.
Y del cielo a la tierra,
de aquella estrella en alto al dulce ruido de tu pecho,
bajan con inefable rapidez
y como espuma roja
apresurados besos,
recios besos,
crueles besos de hielo en mi memoria.
Un grito de agonía, una blasfemia
vuelve grises tus senos,

y mi sueño,

y esa noble fragancia de tu sexo.

¿Qué esperamos, hermana,

de esta reciente aurora

que nos fatiga tanto?

Mira la estrella,

es blanca, no es azul.

Mírala, y que tus ojos perduren como rosas perfectas.

Órdenes de amor

Amor mío, embellécete.
Perfecto, bajo el cielo, lámpara
de mil sueños, ilumíname.
Amor. Orquídea de mil nubes,
desnúdate, vuelve a tu origen,
agua de mis vigilias,
lluvia mía, amor mío.
Hermoso seas por siempre
en el eterno sueño
de nuestro cielo,
amor.

Amor mío, ampárame.
Una piedad sin sombra
de piedad es la vida. Sombra
de mi deseo, rosa de fuego.
Voy a tu lado, amor,
como un desconocido.
Y tú me das la dicha
y tú me das el pan,
la claridad del alba
y el frutal alimento,
dulce amor.

Amor mío, obedéceme:
ven despacio, así, lento,
sereno y persuasivo:
Sé dueño de mi alma,
cuando en todo momento
mi alma vive en tu piel.
Vive despacio, amor,
y déjame beber,
muerto de ansia,
dolorido y ardiente,
el dulce vino, el vino
de tu joven imperio,
dueño mío.

Amor mío, justifícame,
lléname de razón y de dolor.
Río de nardos, lléname
con tus aguas: ardor de ola,
mátame...
Amor mío.
Ahora sí, bendíceme
con tus dedos ligeros,
con tus labios de ala,
con tus ojos de aire,
con tu cuerpo invisible,
oh tú, dulce recinto
de cristal y de espuma,
verso mío tembloroso,
amor definitivo.

Amor mío, encuéntrame.
Aislado estoy, sediento
de tu virgen presencia,

de tus dientes de hielo.
Hállame, dócil fiera,
bajo la breve sombra de tu pecho,
y mírame morir,
contémplame desnudo
acechando tu danza,
el vuelo de tu pie,
y vuélveme a decir
las sílabas antiguas del alba:
Amor, amor — ternura,
amor — infierno,
desesperado amor.

Amor, despiértame
a la hora bendita, alucinada,
en que un hombre solloza
víctima de sí mismo y ábreme
las puertas de la vida.
Yo entraré silencioso
hasta tu corazón, manzana de oro
en busca de la paz
para mi duelo. Entonces
amor mío, joven mía,
en ráfagas la dicha placentera
será nuestro universo.
Despiértame y espérame,
amoroso amor mío.

Ternura

Lo que más breve sea:
la paloma, la flor,
la luna en las pupilas;
lo que tenga la nota más suave:
el ala con la rosa,
los ojos de la estrella;
lo tierno, lo sencillo,
lo que al mirarse tiembla,
lo que se toca y salva
como salvan los ángeles,
como salva el verano
a las almas impuras;
lo que nos da ventura e igualdad
y hace que nuestra vida
tenga el mismo sabor
del cielo y la montaña.
Eso que si se besa purifica.
Eso, amiga: tus manos.

Línea del alba

Tienes la frente al alba:
ella cuenta los poros de tu cuerpo,
en las laderas del sueño,
con los hombros quemados.
En el alba se vierte la costumbre del alma,
se agita el pulso del deseo
como si fuera un ciervo
duramente alanceado
con agujas de bronce
o pestañas de vírgenes.
Tienes la frente al alba
y pedazos de niebla
volando de tus senos
a mis manos.

La amante

Y, desdichada, hallarte vibrante de violetas,
celeste, submarina, subterránea,
ahijada de las nubes,
sobrina del oleaje,
madre de minerales
y vegetales de oro,
universal, florida,
jugosa como caña
y ligera de brisas
y cánticos de seda.
Desdichada penumbra al encontrarte
negándose tu cuerpo a mi deseo,
dándose al día siguiente,
circulando en el aire que respiro,
diseñando mi vida,
mi agonía
y mi muerte sencilla,
y mi futura muerte
entre los muertos.
Ah tu cordial miseria de caricias,
el gesto amargo de tus manos
y la rebelde fuga de tu piel,
cómo me decepcionan,

me castigan y ahogan,
hembra de plata líquida,
insobornable y mía.
Y tu noche de gritos y gemidos,
alimentando vida, creando luz,
provocando sudor, melancolía,
amor y más amor desfallecido,
tumultos de palabras,
mi desdichada niña,
olvidándote, sí, casi perdiéndote
en el ruido de torsos y sollozos.
Pero siendo destino, siendo gloria
tus cabellos castaños, tus miradas
y tus feas rodillas de suave juventud.

La paloma y el sueño

Tú no veías el árbol, ni la nube ni el aire.
Ya tus ojos la tierra se los había bebido
y en tu boca de seda sólo un poco de gracia
fugitiva de rosas, y un lejano suspiro.

No veías ni mi boca que se moría de pena
ni tocabas mis manos huecas, deshabitadas.
Espeso polvo en torno daba un sabor a muerte
al solemne vivir la vida más amarga.

Había sed en tus ojos. Suave sudor tu frente
recordaba los ríos de suave, lenta infancia.
Yo no podía con mi alma. Mi alma ya no podía
con mi cuerpo tan roto de rotas esperanzas.

Tus palabras sonaban a olas de frágil vuelo.
Tus palabras tan raras, tan jóvenes, tan fieles.
Una estrella miraba cómo brilla tu vida.
Una rosa de fuego reposaba en tu frente.

Y no veías los árboles, ni la nube ni el aire.
Parecías desmayarte bajo el beso y su llama.
Parecías la paloma extraviada en su vuelo:
la paloma del ansia, la paloma que ama.

Te dije que te amaba, y un temblor de misterio
asomó a tus pupilas. Luego miraste, en sueños,
los árboles, la nube y el aire estremecido,
y en tus húmedos ojos hubo un aire de reto.

No parecías la misma de otras horas sin horas.
Ya sueñas, o ya vuelas y ni vuelas ni sueñas.
Te fatigan los brazos que te abrazan, paloma,
y, al sollozar, a un lirio desmayado recuerdas.

Ya sé que estoy perdido, pero siempre ganado.
Perdido entre tu sombra, ganado para nunca.
Mil besos son mil pétalos protegiendo tu piel
y tu piel es la lámpara que mis ojos alumbra.

¡Oh geografía del ansia, geografía de tu cuerpo!
Voy a llorar las lágrimas más amargas del mundo.
Voy a besar tu sombra y a vivir tu recuerdo.
Voy a vivir muriendo. Soy el que nunca estuvo.

La estrella

Labios como el sabor del viento en el invierno,
dientes jóvenes de luna consentida en la llama
                    del abrazo.
Se endurecía la noche en tu garganta.
Espacio duro de tus senos. Amarilla y quemada,
la inesperada sombra de tus piernas en la alas
                    de los pájaros
cuando tus dedos en un juego de látigos
hendían prisas de frío.
Que nos perdonen las sábanas lunares de los árboles
y el sueño arrebatado a las estatuas,
y el agua estremecida con la caída
del deseo. Tenías los ojos limpios, Andrea.
La estrella de tu frente como herida de vino,
enferma, detenida en mi boca.
Había un mundo de silencio en tu cuerpo,
como si la muerte se hubiera mirado en un espejo
o varias rosas en agonía hubieran imaginado
un paraíso de nieve o de cristales.
(Ahí perdura solamente lo desconocido
que nuestros labios apagaron.
El recuerdo es materia de belleza poseída y escrita
en páginas en las que un poco de amor pasó rozando.

Como el recuerdo gritarían las cabelleras
mojadas en acuarelas de angustia.
Así serían las voces de os aires helados fundiéndose
en las aristas de una montaña de bronce.)
Te corría por la espalda una gota de sangre
de mis venas. La noche, con la niebla
y el silencio en medio de los senos,
nos veía y procuraba
cambiar su propia ruta.
Que nos perdonen las mismas pinceladas de la aurora.
Exprimidas las horas como cerezas en nuestros labios,
apenas un instante de tus hombros
se deslizó en mi sueño.

Elegía

Ahora te soñé, así como eras: sin deslices en la voz,
con inmóviles sombras en los brazos
y tus genitales segundos de estatua.
Así como eres todavía: copiándote a ti misma,
cuando no eres ya sino la espuma de tu propia vida.
Bien te sentí en mi sueño como verso divinizado.
Mi tristeza no cabía en el fondo de mi dolor
y fue a manchar la noche de violeta.
El propio ruido de tus piernas habría despertado
los estanques, los recuerdos que a veces olvidamos
en los huecos de los jardines,
las horas que nunca fueron más allá
de donde hoy se desangran segundo por segundo,
el silencio de muchas ventanas,
antiguos y pulidos razonamientos, montañas de destinos.
De un seno tuyo al otro sollozaba un poco de ternura.
Anoche te soñé y no puedo decirte mañana mi secreto
—porque el amor es un magnífico manzano
con frutos de metal envueltos en piel de inteligencia,
con hojas que recuerdan gravemente el futuro
y raíces como brazos sumidos en una nieve de santidad—,
la misma ruta de mis dedos no podría encontrarte
ahí donde te guardas tan perfecta.

Yo no sabría elegir sino violentamente mi presencia:
te llenaría de asombro; acaso tu memoria no me crea.
Mi fatiga te gritaría un absoluto amor.
Por el cristal de aumento de la luna
la sonrisa de Dios estallaría.

Los ruidos del alba

1

Te repito que descubrí el silencio
aquella lenta tarde de tu nombre mordido,
carbonizado y vivo
en la gran llama de oro de tus diecinueve años.

Mi amor se desligó de las auroras
para entregarse todo a su murmullo,
a tu cristal murmullo de madera blanca incendiada.

Es una herida de alfiler sobre los labios tu recuerdo,
y hoy escribí leyendas de tu vida
sobre la superficie tierna de una manzana.

Y mientras todo eso,
mis impulsos permanecen inquietos,
esperando que se abra una ventana para seguirte
o estrellarse en el cemento doloroso de las banquetas.
Pero de las montañas viene un ruido tan frío
que recordar es muerte y es agonía el sueño.

Y el silencio se aparta, temeroso
del cielo sin estrellas,

de la prisa de nuestras bocas
y de las camelias y claveles desfallecidos.

2

Expliquemos al viento nuestros besos.
Piensa que el alba nos entiende:
ella sabe lo bien que saboreamos
el rumor a limones de sus ojos,
el agua blanca de sus brazos.

¡Parece que los dientes rasgan trozos de nieve.
El frío es grande y siempre adolescente.
El frío, el frío: ausencia sin olvido!

Cantemos a las flores cerradas,
a las mujeres sin senos
y a los niños que no miran la luna.
Cantemos sin mirarnos.

Mienten aquellos pájaros y esas cornisas.
Nosotros no nos amamos ya.
Realmente nunca nos amamos.

Llegamos con el deseo y seguimos con él.
Estamos en el ruido del alba,
en el umbral de la sabiduría,
en el seno de la locura.

Dos columnas en el atrio
donde mendigan las pasiones.
Perduramos, gozamos simplemente.

Expliquemos al viento nuestros besos
y el amargo sentido de lo que cantamos.

No es el amor de fuego ni de mármol.

El amor es la piedad que nos tenemos.

Canción de la doncella del alba

Se mete piel adentro
como paloma ciega,
como ciega paloma
cielo adentro.
Mar adentro en la sangre,
adentro de la piel.
Perfumada marea,
veneno y sangre.
Aguja de cristal
en la boca salada.
Marea de piel y sangre,
marea de sal.
Vaso de amarga miel:
sueño dorado,
sueño adentro
de la cegada piel.
Entra a paso despacio,
dormida danza;
entra debajo un ala,
danza despacio.
Domina mi silencio
la voz del alba.
Domíname, doncella,

con tu silencio.
Tómame de la mano,
llévame adentro
de tu callada espuma,
ola en la mano.
Silencio adentro sueño
con lentas pieles,
con labios tan heridos
como mi sueño.
Voy vengo en la ola,
coral y ola,
canto canción de arena
sobre la ola.
Oh doncella de paz,
estatua de mi piel,
llévame de la mano
hacia tu paz.
Búscame piel adentro
anidado en tu axila,
búscame allí,
amor adentro.
Pues entras, fiel paloma,
pisando plumas
como desnuda nube,
nube o paloma.
Debo estar vivo, amor,
para saberte toda,
para beberte toda
en un vaso de amor.
Alerta estoy, doncella
del alba; alerta
al sonoro cristal
de tu origen, doncella.

Pausa

Entre lirios azules y aristas de recuerdos
envueltos en pañuelo de seda,
todo lo que es mi vida. Deshecha
en una raya de la noche,
en ese vidrio que sangra en la ventana,
sobre tus hombros.
Entre la luz y el cadáver de una hora,
mi vida. Sin cantos, sin esquinas.
Lenta y precisa, acostada en los días,
en el nivel de la lluvia y el frío,
vestida de reflejos, esbelta,
distraída, te presentas junto a la novedad
de verme solo. Te sonríes
y el dibujo de tu boca ya lanza
en fuga los silencios y los lirios.
El pañuelo que vuela, abandonado,
sin haber memorizado un camino,
un descanso, una futura ausencia.
Mi soledad te huye.
Este humo pretende perforar las paredes,
el agua se desbanda por el suelo,
tu retrato se desconoce tuyo.
Mi soledad me pertenece.

Nunca se cansó tanto el vidrio de reloj
como ahora, anotando tus senos,
tus cabellos, tu asombro
enfrente de mi angustia.
Entre ruidos de lirios parece tu recuerdo,
se ahoga tu perfil. Y mi vida camina
inmersa en lo absoluto de las noches,
sin gritarte, sin verte.

La noche de la perversión

El caracol del ansia, ansiosamente
se adhirió a las pupilas, y una especie de muerte
a latigazos creó lo inesperado.
A pausas de veneno, la desdichada flor de la miseria
nos penetró en el alma, dulcemente,
con esa lenta furia de quien sabe lo que hace.
Flor de la perversión, noche perfecta,
tantas veces deseable maravilla y tormenta.
Noche de una piedad que helaba nuestros labios.
Noche de a ciencia cierta saber por qué se ama.
Noche de ahogarme siempre en tu ola de miedo.
Noche de ahogarte siempre en mi sordo desvelo.
Noche de una lujuria de torpes niños locos.
Noche de asesinatos y sólo suave sangre.
Noche de uñas y dientes, mentes de calorfrío.
Noches de no oír nada y ser todo, imperfectos.
Hermosa y santa noche de crueles bestezuelas.
Y el caracol del ansia, obsesionante,
mataba las pupilas, y mil odiosas muertes
a golpes de milagro crearon lo más sagrado.
Fue una noche de espanto, la noche de los diablos.
Noche de corazones pobres y enloquecidos,
de espinas en los dedos y agua hirviendo en los labios.

Noche de fango y miel, de alcohol y de belleza,
de sudor como llanto y llanto como espejos.
Noche de ser dos frutos en su plena amargura:
frutos que, estremecidos, se exprimían a sí mismos.
Yo no recuerdo, amada, en qué instante de fuego
la noche fue muriendo en tus brazos de oro.
La tibia sombra huyó de tu aplastado pecho,
y eras una guitarra bellamente marchita.
Los cuchillos de frío segaron las penumbras
y en tu vientre de plata se hizo la luz del alba.

El amor

El amor viene lento como la tierra negra,
como luz de doncella, como el aire del trigo.
Se parece a la lluvia lavando viejos árboles,
resucitando pájaros. Es blanquísimo y limpio,
larguísimo y sereno: veinte sonrisas claras,
un chorro de granizo o fría seda educada.

Es como el sol, el alba: una espiga muy grande.

Yo camino en silencio por donde lloran piedras
que quieren ser palomas, o estrellas,
o canarios: voy entre campanas.
Escucho los sollozos de los cuervos que mueren,
de negros perros semejantes a tristes golondrinas.

Yo camino buscando tu sonrisa de fiesta,
tu azul melancolía, tu garganta morena
y esa voz de cuchillo que domina mis nervios.
Ignorante de todo, llevo el rumbo del viento,
el olor de la niebla, el murmullo del tiempo.

Enséñame tu forma de gran lirio salvaje:
cómo viven tus brazos, cómo alienta tu pecho,

cómo en tus finas piernas siguen latiendo rosas
y en tus largos cabellos las dolientes violetas.

Yo camino buscando tu sonrisa de nube,
tu sonrisa de ala, tu sonrisa de fiebre.
Yo voy por el amor, por el heroico vino
que revienta los labios. Vengo de la tristeza,
de la agria cortesía que enmohece los ojos.

Pero el amor es lento, pero el amor es muerte
resignada y sombría: el amor es misterio,
es una luna parda, larga noche sin crímenes,
río de suicidas fríos y pensativos, fea
y perfecta maldad hija de una poesía
que todavía rezuma lágrimas y bostezos,
oraciones y agua, bendiciones y penas.

Te busco por la lluvia creadora de violencias,
por la lluvia sonora de laureles y sombras,
amada tanto tiempo, tanto tiempo deseada,
finalmente destruida por un alba de odio.

Éste es un amor

Éste es un amor que tuvo su origen
y en un principio no era sino un poco de miedo
y una ternura que no quería nacer y hacerse fruto.
Un amor bien nacido de ese mar de sus ojos,
un amor que tiene a su voz como ángel y bandera,
un amor que huele a aire y a nardos y a cuerpo húmedo,
un amor que no tiene remedio, ni salvación
ni vida, ni muerte, ni siquiera una pequeña agonía.
Éste es un amor rodeado de jardines y de luces
y de la nieve de una montaña de febrero
y del ansia que uno respira bajo el crepúsculo de San Ángel
y de todo lo que no se sabe, porque nunca se sabe
por qué llega el amor y luego las manos
—esas terribles manos delgadas como el pensamiento—
se entrelazan y un suave sudor de —otra vez— miedo,
brilla como las perlas abandonadas
y sigue brillando aun cuando el beso, los besos,
los miles y millones de besos se parecen al fuego
y se parecen a la derrota y al triunfo
y a todo lo que parece poesía —y es poesía.
Ésta es la historia de un amor con oscuros y tiernos orígenes:
vino como unas alas de paloma y la paloma no tenía ojos
y nosotros nos veíamos a lo largo de los ríos

y a lo ancho de los países
y las distancias eran como inmensos océanos
y tan breves como una sonrisa sin luz
y sin embargo ella me tendía la mano y yo tocaba su piel
    llena de gracia
y me sumergía en sus ojos en llamas
y me moría a su lado y respiraba como un árbol despedazado
y entonces me olvidaba de mi nombre
y del maldito nombre de las cosas y de las flores
y quería gritar y gritarle al oído que la amaba
y que yo ya no tenía corazón para amarla
sino tan sólo una inquietud del tamaño del cielo
y tan pequeña como la Tierra que cabe en la palma de la mano.
Y yo veía que todo estaba en sus ojos —otra vez ese mar—,
ese mal, esa peligrosa bondad,
ese crimen, ese profundo espíritu que todo lo sabe
y que ya ha adivinado que estoy con el amor hasta los hombros,
hasta el alma y hasta los mustios labios.
Ya lo saben sus ojos y ya lo sabe el espléndido metal
    de sus muslos,
ya lo saben las fotografías y las calles
y ya lo saben las palabras —y las palabras y las calles
    y las fotografías
ya saben que lo saben y que ella y yo lo sabemos
y que hemos de morirnos toda la vida para no rompernos
    el alma
y no llorar de amor.

Esa sonrisa

Si de un vuelo la esencia iluminase
esta celda que a tientas desconozco,
si de un frágil destello, de una brisa
juvenil o poema, en breves pétalos,
descendiese tu vida; si a mi vida

una virtud le diera buena suerte,
expresaría el poema, la bondad
de tu sereno gesto al apoyarse
tus alas, tu sonrisa y tu belleza
en el clavel de fiebre de mi alma.

Pues tu sonrisa leve manifiesta
una resuelta forma de animar,
de dar ágiles signos, no al sollozo
en que todo se pierde, sino al beso
de impecable factura, de dominio.

Si la sonrisa es nido, el beso es sueño
de virginal angustia y melodía.
Si un día tus pies besé desesperado,
fue tan sólo por darme la delicia
de alzar los ojos y mirar al cielo.

Al cielo de tus ojos y tu frente,
al inquietante cielo donde vuelos
de pensamientos gimen, donde una
y otra vez me dedico a descubrir
la desolada nube de mi amor.

Es mejor hablar claro y no decir
que se siente la angustia por sistema.
Es mejor que te diga: No me olvides,
y si me olvidas dame, de tu boca
la fría miseria del final, la muerte.

Pero nada dirás, lo estoy sabiendo,
cuando en dulces instantes como flores,
vienes de nuevo a mí, y en tu sonrisa
aprendo la lección definitiva:
el alba temblorosa de tu boca.

Elías Nandino

*P*oeta mexicano nacido en Cocula, Jalisco, en 1900. Además de su labor como médico, Nandino apoyó a muchos jóvenes poetas desde las revistas que fundó y dirigió. Cada uno de sus poemas contiene un fragmento de tiempo. Poeta soñador, que une la vida y la muerte, el amor y el odio, con un puente indestructible de palabras, sueños y realidades. "Naufragio de la duda", en 1950; "Triángulo de silencios", en 1953; "Nocturna summa", en 1955; "Eternidad del polvo", en 1970, y "Nocturna palabra", en 1976, constituyen una muestra significativa de su obra como poeta. Murió en Guadalajara, México, en 1993.

Voz de mí

No sé cómo mirar para encontrarte,
horizonte de amor en que me excito,
distancia sin medida donde habito
para matar las ansias de tocarte.

No sé cómo gritar para llamarte
en medio de mis siglos de infinito
donde nace el silencio de mi grito
movido por la sangre de buscarte.

Mirar sin que te alcance la mirada
sangrar sin la presencia de una herida,
llamarte sin oírme la llamada;

y atado al corazón que no te olvida,
ser un muerto que tiene por morada
un cuerpo que no vive sin tu vida.

En la sombra

Era sed de muchos años
retenida por mi cuerpo,
palabras encadenadas
que nunca pude decir
sino en los labios del sueño.

Era la tierra agrietada,
reseca, sin una planta,
que espera sentir la lluvia
en un afán de caricia
que le sacie la garganta.

Era yo vuelto hacia ti
que nunca te conocía,
porque fuiste de mil modos
en los sueños, en las horas
y en los ojos de la vida.

Eras todo lo que encierra
una expresión de belleza:
la rosa , el fruto, los ríos;
el color de los paisajes
y la savia de los pinos.

Y de pronto, junto a mí,
al alcance de mi mano,
como manojo de trigo
que pudiera retener
sobre mi pecho guardado.

¡Todo tu cuerpo en mi cuerpo,
por el sueño maniatados,
y tan cerca de la muerte
que la vida no sabía
cómo volver a encontrarnos!

Mi primer amor...

El azul es el verde que se aleja
—verde color que mi trigal tenía—;
azul...de un verde, preso en lejanía,
del que apenas su huella se despeja.
Celeste inmensidad, donde mi queja
tiende su mudo velo noche y día,
para buscar el verde que tenía,
verde en azul...allá donde se aleja...
Mi angustia, en horizonte liberada,
entreabre la infinita transparencia
para traer mi verde a la mirada.
Y en el azul que esconde la evidencia:
yo descubro tu faz inolvidada
y sufro la presencia de tu ausencia.

Nocturno amor

Naciste en mí, a sangre vinculado,
en creciente raíz, cósmico nudo;
de mi selva interior el potro rudo
que anhela libertad enamorado.
Soy mortaja y estoy, amor, tajado
por tu evasión continua que no eludo,
sino que vuelo en ti y en mí me escudo,
para que al volver seas amparado.
Venero de tus ímpetus, me ligo
a tu fuga celeste, a tu caída,
a la expansión total de tu secreto;
pero de noche, cuando estoy contigo,
recobro con tu fuerza sumergida
la sola soledad de estar completo.

Íntima

Estás en mí, como latido ardiente,
en mis redes de nervios temblorosos,
en mis vetas de instintos borrascosos,
en los mares de insomnios de mi frente.
Estás fuera de mí, como corriente
de voces imprecisas, de sollozos,
de filos de secretos tenebrosos.
de roces de caricia inexistente.
Me cubres y me encubres, sin dejarme
un espacio de ser sin tu presencia
un átomo sin linfa de tu aliento.
Estás en mí, tocándote al tocarme,
y palpita la llama de tu esencia
hasta en la entraña de mi pensamiento.

Imposible

Mi corazón se pierde en la nevada
ascensión de tu cuerpo, sin consuelo,
y enfrías la fuerza del anhelo
en medio de tu carne congelada.

Cada día te ofrezco una alborada
de ilusión y de vida, todo un cielo
palpitante de sol, que funda el hielo
y transforme tu cuerpo en llamarada.
Pero toda mi vida es poca vida
para matar la muerte que se esconde
y circula en tu sangre adormecida.

Has desatado el nudo de tus brazos,
tu voz a mi llamado no responde,
y es sólo un eco el paso de tus pasos.

Décimas al amor

Amor, amor traicionado
por mí —que tanto te quiero—
al imponerte el sendero
en que has sido desdichado.
Amor, por mí atormentado:
ya no puedo remediar
mi culpa y hacer llegar
lo que tu anhelo esperaba.
Amor, mi vida se acaba,
ya no es tiempo de empezar.

Amor: avidez errante,
torbellino incontenible,
esencia de lo terrible
en incendio alucinante.
Con tu codicia incesante
en mí vives arraigado
y exiges que, enamorado
me entregue cuando me doy.
Amor: ¿no sabes que estoy
sólo de ti enamorado?

Eres, amor: sed y anhelo,
hambre, delirio, locura,

azúcar de la amargura
y amargura del desvelo.
Eres infierno, eres cielo,
la esperanza enardecida,
el desangre sin herida,
lo que nos forma y deshace.
Eres la muerte que nace
continuamente en la vida.

Amor: has amado tanto
y sin embargo te siento
férvido, puro, sediento,
sin decepción ni quebranto.
No te mina el desencanto
por lo que has sufrido ya,
ni te importa si será
mentira lo venidero:
porque eres como el venero
que existe por lo que da.

Amor, inaudita hoguera
en la entraña del invierno
de mi vida, atroz infierno:
¡cómo crecerte quisiera!,
mas sin dicha y sin espera
a mi muerte me adelanto
y preso en el desencanto
es mi corazón senil:
hielo en martirio febril
descongelándose en llanto.

Décimas al corazón

Corazón: no te atormentes
porque traicionen tu amor,
espera un tiempo mejor
y jamás te desalientes.
Soporta el dolor que sientes
hasta que tu vida obtenga
la rebelión que te abstenga
de añorar lo que se fue,
y a solas medita que
no hay mal que por bien no venga.

Corazón: no estoy cansado
de tanto querer amar
y de amar para buscar
el amor que no ha llegado.
Sigue conmigo enraizado
en un pacto que persista
mientras la esperanza exista,
que aunque suframos engaños
no hay mal que dure cien años
ni cuerpo que lo resista.

Corazón: ¡cómo has sufrido
por mi culpa!, yo lo sé;

pero no pierdas la fe
ni ya te des por vencido.
El amor que no ha venido
pronto vendrá, ten confianza,
y sin medir la tardanza
que en mí tu vigor perdure:
que mientras la vida dure
lugar tiene la esperanza.

Antes, al verte sufrir,
corazón, yo no entendía,
y aunque tus penas veía
nunca las pude asumir.
En cambio, hoy sé compartir
el suplicio que te enciende,
porque ya mi vida entiende
que existen, en conclusión:
razones del corazón
que la razón no comprende.

Amor sin muerte

Amo y al amar yo siento
que existo, que tengo vida
y soy mi fuga encendida
en constante nacimiento.

Amo y en cada momento
amar, es mi muerte urgida,
por un amor sin medida
en incesante ardimiento.

Mas cuando amar ya no intente
porque mi cuerpo apagado
vuelva a la tierra absorbente:

todo será devorado,
pero no el amor ardiente
de mi polvo enamorado.

Mi corazón

Es mentira
que mi corazón porque palpita
esté despierto.
Sus latidos son tan sólo
el goteo
de su llanto glacial
como el que llora al fundirse
el témpano de hielo.
Es mentira
que mi corazón porque palpita
esté despierto.
Su misión se reduce
a mantener de pie
a un muerto
que esperanzado
aún persigue sus sueños.

Nocturno alquimia de mis sueños

Cuanto más y más alabes al ser que amas:
más y más lo alejas de tus manos.

Yo te amo como se ama a una estrella:
puedo atreverme a contemplar tu albor,
a sentir tu pureza luminosa,
a escalar con mis ansias
la altura en que te asomas;
pero nunca a tocarte
ni a sembrar mis caricias
en la fulgente piel de tu misterio.

Yo sé dónde apareces diariamente,
conozco el sitio exacto
y la hora precisa
en que tu rostro enciende su hermosura.
Aprendí de memoria
tu órbita celeste,
el instante glorioso
en que brillas más cerca de mis ojos
y también el momento
en que huyendo me robas tu semblante.

Yo sé que soy tu dueño en la distancia
que al descubrirte me gané el derecho
de salir cada noche
a mirar tu expresiva luz errante,
tu joven brillantez inmaculada,
sin tener ni la mínima esperanza
de estrechar tu verdad entre mis brazos.

Te inventé con la alquimia de mis sueños
te vestí de imposible,
en tus pupilas inicié un poema
y en lo más alto entronicé tu imagen.

Con barro de mi angustia te di forma
igual a la de un ángel que no existe.

Cuando llega la noche
y te encuentro rielando en el espacio:
yo te aspiro y te gozo,
platico desde lejos con tu nimbo
sin pronunciar tu nombre.
Sin esperar tampoco que desciendas
ni que el roce de mi tacto te defina:
porque anhelo que ignoren mis sentidos
que eres de carne y hueso,
que tu cuerpo es mortal,
y que hasta el nítido esplendor que irradias,
carece de luz propia.

¡Sigue alumbrando allá! ¡Brilla unos días!
Pronto la muerte bajará mis párpados
y tú, al instante, quedarás a oscuras.

Silencio en poema

Para poder decirte lo que ansío
busco lo más sutil, lo más celeste,
lo que apenas se acerque al alba pura
de iniciar su existencia,
sin haber sido herido
ni por una mirada
ni tampoco por nadie imaginado.

El aroma del sueño,
la estela sin color que va quedando
cuando la nube avanza,
la oración que se eleva de la espuma
al nacer y morir,
la queja que pronuncia la corola
cuando vuela el rocío
o el íntimo gorjeo
del agua que abandona su venero:
no pueden ayudarme
porque ya están violados sus secretos
y opacan la avidez
del solo intento de querer pensar
lo que anhelo decirte.

No hay palabra, ni canto de paloma,
ni roce, ni suspiro, ni silencio,
que puedan expresar la frase virgen
con que yo quiero hablarte.
Es idioma que traigo sumergido
en estado naciente, inmaculado,
que lucha atravesando mis tinieblas
como la luz de estrellas ignoradas
que viene, desde siglos, descendiendo
para tocar la tierra...
Así es la profunda voz sedienta
que llevo atesorada
como raíz de antigua resonancia
en mi marino caracol de entraña,
y que vive conmigo, desde siempre,
brotando del amor inapagado
del amor primitivo de otros seres
que amaron antes, con el mismo amor,
y prosiguen en mí
fundidos en espera
enamorando aún lo inalcanzable.

Para poder decirte lo que anhelo
me falta lo inasible, lo perfecto,
y al no poder tenerlo:
con sombras duras, con dolor desnudo,
con el creciente caos de mi delirio
y el humo intacto del callar que oprimo,
escarbo el pozo donde entierro a solas
la forma del intento,
el inmóvil temblor
de quererte expresar los inexpresable.

Aventura

No sé cómo viniste hasta mis manos
a llenar las tinieblas de mi lecho,
y a juntar tus encantos con mi pecho
realizando las horas que gozamos.

Aventura perfecta que libamos
en un secreto, bajo el mismo techo,
hasta llegar al goce satisfecho
y sin saber por qué nos encontramos.

¡Vibración de contacto sin historia;
un recuerdo grabado en la memoria
ignorando con quién fue compartido;

porque llegaste al beso de la noche
calmaste mi pasión con tu derroche
y te fuiste dejándome dormido!

Enrique González Martínez

Poeta mexicano nacido en la ciudad de Guadalajara, en 1871, donde estudió y ejerció como médico. En 1911 se trasladó a la ciudad de México, y ese mismo año ingresó a la Academia Mexicana de la Lengua. Encabezó la depuración simbolista del Modernismo, rechazando las temáticas excéntricas. Fundó la revista *Argos* y ocupó destacados puestos políticos y diplomáticos. Su obra poética se resume en las siguientes publicaciones: "Preludios", "Lirismos", "La hora inútil", "Silenter", "Los senderos ocultos" y "La muerte del cisne". Falleció en 1952.

¿Te acuerdas de la tarde?

¿Te acuerdas de la tarde en que vieron mis ojos
de la vida profunda el alma de cristal?...
Yo amaba solamente los crepúsculos rojos,
las nubes y los campos, la ribera y el mar...

Mis ojos eran hechos para formas sensibles;
me embriagaba la línea, adoraba el color;
apartaba mi espíritu de sueños imposibles,
desdeñaba las sombras enemigas del sol.

Del jardín me atraían el jazmín y la rosa
— la sangre de la rosa, la nieve del jazmín —
sin saber que a mi lado pasaba temblorosa,
hablándome en secreto, el alma del jardín.

Halagaban mi oído las voces de las aves,
la balada del viento, el canto del pastor,
y yo formaba coro con las notas suaves,
y enmudecían ellas y enmudecía yo...

Jamás seguir lograba el fugitivo rastro
de lo que ya no existe, de lo que ya se fue...
Al fenecer la nota, al apagarse el astro,
¡oh sombras, oh silencio, dormitabais también!

¿Te acuerdas de la tarde en que vieron mis ojos
de la vida profunda el alma de cristal?
Yo amaba solamente los crepúsculos rojos,
las nubes y los campos, la ribera y el mar...

El baño

Ya dejas el plumón. Las presurosas
manos desatan el discreto nudo,
y queda el cuerpo escultural desnudo
volcán de nieve en explosión de rosas.
El baño espera. De estrecharte ansiosas
están las aguas, y en el mármol mudo,
un esculpido sátiro membrudo
te contempla con ansias amorosas.
Entras al fin y el agua se estremece,
en tanto, allá en el orto ya parece
el claro sol de refulgente rastro.
Y cuando ufana de las fuentes sales,
de tu alcoba a los diáfanos cristales,
por mirarte salir, se asoma el astro.

A la que va conmigo...

Iremos por la vida como dos pajarillos
que van en pos de rubias espigas, y hablaremos
de sutiles encantos y de goces supremos
con ingenuas palabras y diálogos sencillos.

Cambiaremos sonrisas con la hermana violeta
que atisba tras la verde y oscura celosía,
y aplaudiremos ambos la célica armonía
del amigo sinsonte que es músico y poeta.

Daremos a las nubes que circundan los flancos
de las altas montañas nuestro saludo atento,
y veremos cuál corren al impulso del viento
como un tropel medroso de corderillos blancos.

Oiremos cómo el bosque se puebla de rumores,
de misteriosos cantos y de voces extrañas;
y veremos cuál tejen las pacientes arañas
sus telas impalpables con los siete colores.

Iremos por la vida confundidos en ella,
sin nada que conturbe la silenciosa calma,
y el alma de las cosas será nuestra propia alma,
y nuestro propio salmo el salmo de la estrella.

Y un día, cuando el ojo penetrante e inquieto
sepa mirar muy hondo, y el anhelante oído
sepa escuchar las voces de los desconocido,
se abrirá a nuestras almas el profundo secreto.

Cuando sepas hallar una sonrisa...

Cuando sepas hallar una sonrisa
en la gota sutil que se rezuma
de las porosas piedras, en la bruma,
en el sol, en el ave y en la brisa;

cuando nada a tus ojos quede inerte,
ni informe, ni incoloro, ni lejano,
y penetres la vida y el arcano
del silencio, las sombras y la muerte;

cuando tiendas la vista a los diversos
rumbos del cosmos, y tu esfuerzo propio
sea como potente microscopio
que va hallando invisibles universos,

entonces en las flamas de la hoguera
de un amor infinito y sobrehumano,
como el santo de Asís, dirás hermano
al árbol, al celaje y a la fiera.

Sentirás en la inmensa muchedumbre
de seres y de cosas tu ser mismo;
serás todo pavor con el abismo
y serás todo orgullo con la cumbre.

Sacudirá tu amor el polvo infecto
que macula el blancor de la azucena,
bendecirás las márgenes de arena
y adorarás el vuelo del insecto;

y besarás el garfio del espino
y el sedeño ropaje de las dalias...
y quitarás piadoso tus sandalias
por no herir a las piedras del camino.

Vienes a mí

Vienes a mí, te acercas y te anuncias
con tan leve rumor, que mi reposo
no turbas, y es un canto milagroso
cada una de las frases que pronuncias.

Vienes a mí, no tiemblas, no vacilas,
y hay al mirarnos atracción tan fuerte,
que lo olvidamos todo, vida y muerte,
suspensos en la luz de tus pupilas.

Y mi vida penetras y te siento
tan cerca de mi propio pensamiento
y hay en la posesión tan honda calma,

que interrogo al misterio en que me abismo
si somos dos reflejos de un ser mismo,
la doble encarnación de una sola alma.

Llama eterna

¿Qué brilla en tu mirar que el alma enciende
en la célica luz de un sol perdido?
¿Por qué en tu voz de tórtola mi oído
todo lo capta y todo lo comprende?

¿Qué místico mensaje se desprende
de tu silencio al corazón herido?
¿Qué efluvio de un instante ya vivido
en tu ritmo de gracia me sorprende?

Ausentes fuimos, pero nunca extraños.
Yo te debí de amar hace mil años
y agobiarte de idénticas preguntas.

Ayer perdida y recobrada ahora,
tras nueva ausencia y en lejana aurora
han de besarse nuestras almas juntas.

Mi tristeza es como un rosal florido

Mi tristeza es como un rosal florido.
Si helado cierzo o ráfaga ardorosa
lo sacuden, el pétalo caído
se trueca en savia y se convierte en rosa...

Mi tristeza es como un rosal florido.
En mi dulce penumbra sin ruido,
la propia vida con mi llanto riego,
y las horas dolientes que he vivido
impregnan de perfumes mi sosiego...

Mi tristeza es como un rosal florido.
Tú que colgaste en mi dolor tu nido,
sabes que a cada mal brota una yema
y revienta un botón a cada olvido.
¡Perenne floración y eterno emblema!...

Mi tristeza es como un rosal florido.

Cautiva

Cautiva que entre cerrojos,
frente a la angosta ventana
dejas espaciar los ojos
por la campiña lejana,

¿de qué te sirve tener
en el pecho un ansia viva,
si eres libre para ver,
y para volar cautiva?

Siento mayor la amargura
de tu mal cuando te veo
con las alas en tortura
y en libertad el deseo.

Preso el pie y el alma alerta...
¡Qué morir frente a la vida!
¿Para qué ventana abierta
si no hay puerta de salida?

Alma cautiva y hermana
que en la campiña lejana
dejas espaciar los ojos,
¡que te quiten los cerrojos
o te cierren la ventana!

Dat signum

¡Feliz instante! Del galán al peso,
la doncella al final rueda vencida,
sobre el césped que cómplice convida
del libre amor al inefable exceso.

Un cefirillo plácido y travieso
viene a avivar la lumbre ya encendida...
¿Qué mucho que ella al fin quede rendida
y que se escuche el estallar de un beso?

Un cercano rumor de pasos suena,
grana tardía a las mejillas brota,
huye el galán y acábase la escena;

y confusa al pensar en su derrota,
casta suspira, y coge de la arena
un lazo azul... y la vasija rota...

Francisco Hernández

Poeta mexicano nacido en San Andrés Tuxtla, Veracruz, en 1946. Es una de las voces representativas de la nueva poesía mexicana. Su poesía es muy versátil y maneja con igual vigor los temas sensuales, el humor negro y la añoranza. "Gritar es cosa de mudos", en 1974; "Portarretratos", en 1976; "Textos criminales", en 1980; "Mar de fondo", en 1982; "Oscura coincidencia", en 1986; "El ala del tigre", en 1991 y "Antojo de Trampa" —selección de su obra— en 1999, son sus obras más significativas.

Desnuda

Desnuda eres como una calle,
subes, te abres, serpeas, te angostas,
doblas, sigues mis pasos y desembocas.

El amor, rodeado casi siempre...

El amor, rodeado casi siempre por un antojo
de olvido, avanza resuelto hacia las trampas
creadas para cazar osos con piel de leopardo
y serpientes con plumaje de cóndor.

Y el amor sobrevive a las heridas y ruge,
voladora, la envidia de los venenosos.

En las trampas de los ojos...

En las trampas de los ojos
el paisaje y su escritura verde,
la tierra y su amor calizo,
la luz y sus remolinos amarillos.

El tránsito hacia los escalofríos,
hacia el vestido recto de la noche,
hacia el agua embriagante de la cercanía.

La plenitud de tu flor abierta
en el espejo, de tu cintura
encerrada entre mis manos,
de tus labios en el lugar común
de mi nombre completo.

Extraño tu sexo...

Extraño tu sexo. Piso flores rosadas al caminar y extraño
    tu sexo.
En mis labios tu sexo se abre como fruta viva, como voraz
    molusco agonizante.
Piso flores negras al caminar y recuerdo el olor de tu sexo,
sus violentas marejadas de aroma, su coralina humedad
entre los carnosos crepúsculos del estío.
Piso flores translúcidas caídas de árboles sin corteza
y extraño tu sexo ciñéndose a mi lengua.

Fantasma

Amo las líneas nebulosas de tu cara,
tu voz que no recuerdo,
tu racimo de aromas olvidados.
Amo tus pasos que a nadie te conducen
y el sótano que pueblas con mi ausencia.
Amo entrañablemente tu carne de fantasma.

La primera mujer que recorrió...

La primera mujer que recorrió mi cuerpo
tenía labios de maga: labios verdes y azules,
con sabor a fruto silvestre,
con señales indescifrables como la miel o el aire.
Muchas veces incendió mis cabellos con siete granos y
siete aguas, con ensalmos que sonaban a campanillas
de barro, con nubes de copal que se mezclaban al embrión
que recorría mi frente coronada por ramos de albahaca.
Toda la noche ardía la pócima bajo mi cama.
Al día siguiente, un niño nacido después de mellizos
la arrojaba al río, de espaldas, para no ver el sitio
donde caía ni el vuelo repentino de los zopilotes.
Entre tanto, mi madre me contaba
lo que Colmillo Blanco no sabía de la nieve
y el recuerdo del mar era un espejismo bajo la sábanas.

Las gastadas palabras de siempre

Déjame recordarte las gastadas palabras de siempre,
los armarios que encierran la humedad de los puertos
y el sabor a betel que dejas en mis labios
cuando desapareces en el aire.
Déjame tender tu cabello a la sombra
para que la penumbra madure como el día.
Déjame ser una ciudad inmensa, un bote de cerveza
o el fruto desollado ante la espiga.
Déjame recordarte dónde me ahogué de niño
y por qué hace brillar mi sangre la tristeza.
O déjame tirado en la banqueta, cubierto de periódicos,
mientras la nave de los locos zarpa
hacia las islas griegas.

Mariposa

Tu sexo,
una mariposa negra.
Y no hay metáfora:
entró por la ventana
y fue a posarse
entre tus piernas.

Muero por deslizar...

Muero por deslizar, verticalmente,
mi lengua entre tus labios.
Por humedecer, horizontalmente,
el imposible rencor de tus encías.

Se me antojan tus ojos cuando,
repletos de placer, miran empavesados
espejismos.

Desnúdate. Blanquea la oscuridad.
Ya crecieron mis uñas.
Ya encaminadas van hacia tus labios.

Otro día sin verte...

Otro día sin verte, sin poner mis pupilas
encima de tus trampas.
Quiero decir: encima de tus rodillas sin cicatrices,
de tus labios amameyados, de tus afiladas
rencillas rojas, de tus palabras claves
que continuamente preguntan si te entiendo.
Otro día sin verte, otras horas
de amarte a cielo abierto,
de acariciarte en un aire ya sujeto
por mi collar de uñas enterradas.

Gabriel Zaid

Poeta y ensayista mexicano nacido en Monterrey, Nuevo León, en 1934. Estudió Administración en su ciudad natal, pero su devoción por la poesía lo llevó a dedicarse a la literatura, publicando su primer poemario en el año de 1958. Su poesía se ha depurado con el paso del tiempo, para que cuarenta años más tarde aparezca por su rigor y limpidez, como uno de los avatares más afortunados del clasicismo en la segunda mitad del siglo XX mexicano. Lo mejor de su obra está recopilado en su poemario "Reloj de sol", publicado en 1995.

Envío

Acudes a tus ojos porque acudes,
los ojos de las noches estrelladas.
Y su luz no es tu eco, no lo dudes,
es otra luz que mueve tus miradas;
desde la luna, arcón de los rosarios,
hasta la luna sin itinerarios.
Luz del amor que llama a los amores
por encima del hombro para el viaje,
y en el espejo muestra sus pudores
de estrella antigua que abandona el traje,
mariposa, cristal, serpiente o perla
cuando se empaña nada más de verla.

Oleajes

El sol estalla:
            se derrumba
a refrescarse en tu alegría.
Revientan olas de tu pecho.
Yo me baño en tu risa.
Olas altas y soles
de playas apartadas.
Tu risa es la Creación
feliz de ser amada.

La ofrenda

Mi amada es una tierra agradecida.
Jamás se pierde lo que en ella se siembra.
Toda fe puesta en ella fructifica.
Aun la menor palabra en ella da su fruto.
Todo en ella se cumple, todo llega al verano.
Cargada está de dádivas, pródiga y en sazón.
En sus labios la gracia se siente agradecida.
En sus ojos, su pecho, sus actos, su silencio.
Le he dado lo que es suyo, por eso me lo entrega.
Es el altar, la diosa y el cuerpo de la ofrenda.

Elegía

Yo soltaba los galgos del viento para hablarte.
A machetazo limpio, abrí paso al poema.
Te busqué en los castillos a donde sube el alma,
por todas las estancias de tu reino interior,
afuera de los sueños, en los bosques, dormida,
o tal vez capturada por las ninfas del río,
tras los espejos de agua, celosos cancerberos,
para hacerme dudar si te amaba o me amaba.

Quise entrar a galope a las luces del mundo,
subir por sus laderas a dominar lo alto;
desenfrenar mis sueños, como el mar que se alza
y relincha en los riscos, a tus pies, y se estrella.

Así cada mañana por tu luz entreabierta
se despereza el alba, mueve un rumor el sol,
esperando que abras y que alces los párpados
y amanezca y, mirándote, suba el día tan alto.

Si negases los ojos el sol se apagaría.
El acecho del monte y del amanecer
en tinieblas heladas y tercas quedaría,
aunque el sol y sus ángeles y las otras estrellas
se pasaran la noche tocando inútilmente.

Pour Marx

Querida:
        Qué bien nadas,
sin nada que te vista,
en las aguas heladas
del cálculo egoísta.

Alabando su manera de hacerlo

¡Qué bien se hace contigo, vida mía!
Muchas mujeres lo hacen bien
pero ninguna como tú.
La Sulamita, en la gloria,
se asoma a verte hacerlo.
Y yo le digo que no,
que no nos deje, que ya lo escribiré.
Pero si lo escribiese
te volverías legendaria.
Y ni creo en la poesía autobiográfica
ni me conviene hacerte propaganda.

Práctica mortal

Subir los remos y dejarse
llevar con los ojos cerrados.
Abrir los ojos y encontrarse
vivo: se repitió el milagro.
Anda, levántate y olvida
esta ribera misteriosa
donde has desembarcado.

Homero Aridjis

Poeta mexicano nacido en Michoacán, en 1940. Es uno de los escritores más prolíficos de México. Periodista, novelista y catedrático, fue becario de varias instituciones mexicanas y profesor de literatura mexicana en varias universidades norteamericanas. Su antología incluye sus obras más conocidas: "Los ojos desdoblados", "Antes del reino", "Los espacios azules", "Tiempo de ángeles" y "Antología Poética".

Tiene la medida de mi sueño...

Tiene la medida de mi sueño
los ojos de mi infancia
ama lo que yo amo
lo que no retorna
lo que no llega todavía
se levanta en mis párpados
y de ahí hace volar sus sueños
Se desplaza y permanece
siempre es ella en todas partes
saludando al universo
Llena todos los días del mundo
y aún no nace porque no tiene fin
La encuentro en el silencio en la absolución
pero ella está dispersa respirando en todo
Si algún día llego a penetrar su alma
le daré vendimias de su cuerpo
el hombre el pasto la niebla.

Déjame entrar a tu íntimo alfabeto

Déjame entrar a tu íntimo alfabeto
para saber lo tuyo por su nombre
y a través de tus letras
hablar de lo que permanece
y también de auroras y de nieblas
Déjame entrar para aprenderte
y girar en tu órbita de voces
hablándote de lo que me acontece
describiéndote a ti
Quiero dar testimonio a los hombres
de tus enes y tus zetas
desnudarte ante ellos como una niña
para que todos se expresen con acento puro.

Sé que piensas en mí...

Sé que piensas en mí
porque los ojos se te van para adentro
y tienes detenida en los labios
una sonrisa que sangra largamente
Pero estás lejos
y lo que piensas
no puede penetrarme
yo te grito Ven
abre mi soledad en dos
y mueve en ella el canto
haz girar este mundo detenido
Yo te digo Ven
déjame nacer sobre la tierra.

Al hablarte me escuchas...

Al hablarte me escuchas
desnuda de conceptos
renuncias a ti misma
para volverte aire
y al vuelo de mis pájaros verbales
concibes la palabra
siempre virgen y madre
vas perdurando los instantes
en tu cintura poderosa
algún día
cuando pierda al mundo
me harás permanecer.

Anverso

No veo tu sonrisa entre mis labios
apurar la prolongada espera
en tu abandono de luciérnaga a la noche;
sólo tengo asida entre mis brazos
la inexpresable lucha
de penetrar en el bosque sin fondo de tu sueño
que empieza en la penumbra.
Sólo el afán de arañar las escamas de la tierra
y volcar la savia del origen
en tu canasto de riveras blandas,
para encontrarte a ti,
en el hueco de tus verdes plantaciones
como un todo revuelto entre mis manos.
Sólo mis párpados abiertos
confundidos en el incendio de absorberte
en tu acuario de humo,
bajo la soledad de unos cerebros desyelmados.
No veo tu presencia desdoblada
ahondarme y contenerme,
sólo mi furia de hombre
en las grietas de ti misma
persiguiéndote sin alcanzarte.
Sólo la noche posada en tus cabellos,
la noche raspándonos los ojos,
la noche uniéndonos y separándonos
como división eterna entre los cuerpos.

Es tu nombre y es también octubre...

Es tu nombre y es también octubre
es el diván y tus ungüentos
es ella tú la joven de las turbaciones
y son las palomas en vuelos secretos
y el último escalón de la torre
y es la amada acechando el amor en ante muros
y es lo dable en cada movimiento y los objetos
y son los pabellones
y el no estar del todo en una acción
y es el Cantar de los Cantares
y es el amor que te ama
y es un resumen de vigilia
de vigilancia sola al borde de la noche
al borde del soñador y los insomnios
y también es abril y noviembre
y los disturbios interiores de agosto
y es tu desnudez
que absorbe la luz de los espejos
y es tu capacidad de trigo
de hacerte mirar en las cosas
y eres tú y soy yo
y es un caminarte en círculo
dar a tus hechos dimensión de arco
y a solas con tu impulso decirte la palabra.

Y todas las cosas...

Y todas las cosas que a mi amor contemplaban
el sonido y la lluvia los parques y la imagen
se asomaron en ella
Y todos los seres que en el tiempo eran árboles
abrieron sus pestañas a los frutos del día
y el sol fue su mirada reencontrada en el mar
Y era un verano de diamante y de polvo
despierto al borde de la noche dormida
y creció entre la luz y la sombra trenzada
Creció sin detenerse y miré la Vía Láctea
perdido entre las negras mariposas fugaces
y las bocas llamando como rojas campanas
Creció con el amante en verde silencioso
vestido de destinos cabalgando las horas
y breves arco iris espontáneos y breves
Y mis manos pudieron ser aire de sus manos
y en medio de la fábula descubrí nuevas fábulas
y el cuerpo de su risa emergiendo del aire
Y tocamos el musgo de sus aguas inmóviles
y sentimos los ojos redondear las palabras
y volamos muy libres adentro de los pájaros.

$\mathcal{A}$ veces uno toca un cuerpo...

A veces uno toca un cuerpo y lo despierta
por él pasamos la noche que se abre
la pulsación sensible de los brazos marinos
y como al mar lo amamos
como a un canto desnudo
como al solo verano
Le decimos luz como se dice ahora
le decimos ayer y otras partes
lo llenamos de cuerpos y de cuerpos
de gaviotas que son nuestras gaviotas
Lo vamos escalando punta a punta
con orillas y techos y aldabas
con hoteles y cauces y memorias
y paisajes y tiempo y asteroides
Lo colmamos de nosotros y de alma
de collares de islas y de alma
Lo sentimos vivir y cotidiano
lo sentimos hermoso pero sombra.

Por el silencio sigues...

Por el silencio sigues
embriagada y sonámbula
Detrás de los espejos
se desnuda tu nombre
Difusa entre las lámparas
es mortal tu pupila
Naciendo con el día
llevas un luto largo
de vasijas y cuerpos
Tu revelación no cesa nunca
en la noche sin huellas
Al fondo de tu voz que niega
hay otra voz que afirma
Tus dioses desplazados
se recrean sigilosos
en la realidad invisible.

Y tu amor se denuncia...

Tu nombre repetido por las calles
Tu boca
Tu paso que no es nocturno ni de aurora
Tu voz
Sólo tu ser creciendo en las esquinas
Tu tiempo... tus alianzas
Ahora sentada en espiral
Después el humo.

Un poema de amor

Cuando hable con el silencio
cuando sólo tenga una cadena
de domingos grises para darte
cuando sólo tenga un lecho vacío
para compartir contigo un deseo
que no se satisface ya con los cuerpos de este mundo
cuando ya no me basten las palabras del castellano
para decirte lo que estoy mirando
cuando esté mudo de voz de ojos y de movimiento
cuando haya arrojado lejos de mí
el miedo a morir de cualquier muerte
cuando ya no tenga tiempo para ser yo
ni ganas de ser aquel que nunca he sido
cuando sólo tenga la eternidad para ofrecerte
una eternidad de voces y de olvido
una eternidad en la que ya no podré verte
ni tocarte ni encelarte ni matarte
cuando a mí mismo ya no me responda
y no tenga día ni cuerpo
entonces seré tuyo
entonces te amaré para siempre.

Te amo ahí contra el muro destruido

Te amo ahí contra el muro destruido
contra la ciudad y contra el sol y contra el viento
contra lo otro que yo amo y se ha quedado
como un guerrero entrampado en los recuerdos
Te amo contra tus ojos que se apagan
y sufren adentro esta superficie vana
y sospechan venganzas
y muertes por desolación o por fastidio
Te amo más allá de puertas y esquinas
de trenes que se han ido sin llevarnos
de amigos que se hundieron ascendiendo
ventanas periódicas y estrellas
Te amo contra tu alegría y tu regreso
contra el dolor que astilla tus seres más amados
contra lo que puede ser y lo que fuiste
ceremonia nocturna por lugares fantásticos
Te amo contra la noche y el verano
contra la luz y tu semejanza silenciosa
contra el mar y septiembre y los labios que te expresan
contra el humo invencible de los muertos.

Abril es ella quien habla...

Abril es ella quien habla por tus labios
como un joven sonido desnudo por el aire
En la noche ha volado con tu vuelo más alto
con risa de muchacha
como el fuego nocturno de los frutos del viento
donde vibran los pájaros
                Manzana del amor
su voz bajo la lluvia es un pescado rojo
Embarcada en sus cuencos con los ojos absortos
es la virgen gaviota que ha bebido del mar
en el agua su sol mariposa de luz

La forma de tu ausencia

Ni un momento
he dejado de ver en este cuerpo
la forma de tu ausencia,
como una esfera que ya no te contiene.
Pero dos cosas constantes te revelan,
te tienen de cuerpo entero en el instante,
y son la cama y la mesa de madera,
hechas a la medida del amor
y del hambre

Poema

Pensabas
que el amor era bueno
y que volabas
en dos cuerpos
que eran el tuyo
y no eran el tuyo
al mismo tiempo
que la tierra era aérea
llena de camas y de puertas
llena de llaves y de ceros
y que la ciudad
con sus charcos y sus perros
eran un cielo sin fin para tu vuelo
pensabas
que tu cuerpo
diferente de su cuerpo
no era tuyo
si te alejabas un instante
de su abrazo
de su sol y de su suelo

Déjame

Déjame
estoy lleno de ti,
no te perderé,
llevo conmigo tu esperanza invicta
y los diluvios de tu claustro;
he visto levantarse de tus pupilas
el sentimiento inaugural del hombre,
pero todavía no tengo la sangre
y la tierra y la palabra
no me pertenecen

Erótica

Globos
El deseo perfora
en la clara dureza de su cuerpo,
delgadeces empujan en su vientre
un temblor que si se agita salta,
ritmos balancean bajo su pecho
viva abundancia que el deseo persigue
con una sombra flaca.

Deseo
Dos llamas que apagan su calor
cuando están más fundidas,
y tienen más desolación
cuando parecen más unidas.

Pareja
Dos cuerpos que agotan su fervor
en otro cuerpo,
que es suyo y no es suyo
al mismo tiempo.

Jaime Sabines

Poeta y ensayista mexicano nacido en Tuxtla Gutiérrez, en 1926. Radicó en la ciudad de México desde 1949 cuando inició sus estudios de Filosofía y Letras. Su obra tiene un marcado acento informal que lo convierte en un poeta de todos los tiempos. Su prosa vehemente y su verso sentido y sensual nos hacen viajar por un mundo de realidades vividas. Por su libro "Pieces of Shadow" ("Fragmentos de sombra"), antología de su poesía traducida al inglés y editada en edición bilingüe, obtuvo el Premio Mazatlán de Literatura 1996. Tras una larga enfermedad falleció en la ciudad de México en 1999.

Amor mío, mi amor...

Amor mío, mi amor, amor hallado
de pronto en la ostra de la muerte.
Quiero comer contigo, estar, amar contigo,
quiero tocarte, verte.
Me lo digo, lo dicen en mi cuerpo
los hilos de mi sangre acostumbrada,
lo dice este dolor y mis zapatos
y mi boca y mi almohada.
Te quiero, amor, amor absurdamente,
tontamente, perdido, iluminado,
soñando rosas e inventando estrellas
y diciéndote adiós yendo a tu lado.
Te quiero desde el poste de la esquina,
desde la alfombra de ese cuarto a solas,
en las sábanas tibias de tu cuerpo
donde se duerme un agua de amapolas.
Cabellera del aire desvelado,
río de noche, platanar oscuro,
colmena ciega, amor desenterrado,
voy a seguir tus pasos hacia arriba,
de tus pies a tu muslo y tu costado.

No es nada de tu cuerpo

No es nada de tu cuerpo
ni tu piel, ni tus ojos, ni tu vientre,
ni ese lugar secreto que los dos conocemos,
fosa de nuestra muerte, final de nuestro entierro.
No es tu boca —tu boca
que es igual que tu sexo—,
ni la reunión exacta de tus pechos,
ni tu espalda dulcísima y suave,
ni tu ombligo en que bebo.
Ni son tus muslos duros como el día,
ni tus rodillas de marfil al fuego,
ni tus pies diminutos y sangrantes,
ni tu olor, ni tu pelo.
No es tu mirada —¿qué es una mirada?—
triste luz descarriada, paz sin dueño,
ni el álbum de tu oído, ni tus voces,
ni las ojeras que te deja el sueño.
Ni es tu lengua de víbora tampoco,
flecha de avispas en el aire ciego,
ni la humedad caliente de tu asfixia
que sostiene tu beso.
No es nada de tu cuerpo,
ni una brizna, ni un pétalo,
ni una gota, ni un grano, ni un momento.
Es sólo este lugar donde estuviste,
éstos mis brazos tercos.

He aquí que tú estás sola...

He aquí que tú estás sola y que estoy solo.
Haces tus cosas diariamente y piensas
y yo pienso y recuerdo y estoy solo.
A la misma hora nos recordamos algo
y nos sufrimos. Como una droga mía y tuya
somos, y una locura celular nos recorre
y una sangre rebelde y sin cansancio.
Se me va a hacer llagas este cuerpo solo,
se me caerá la carne trozo a trozo.
Esto es lejía y muerte.
El corrosivo estar, el malestar
muriendo es nuestra muerte.
Ya no sé dónde estás. Yo ya he olvidado
quién eres, dónde estás, cómo te llamas.
Yo soy sólo una parte, sólo un brazo,
una mitad apenas, sólo un brazo.
Te recuerdo en mi boca y en mis manos.
Con mi lengua y mis ojos y mis manos
te sé, sabes a amor, a dulce amor, a carne,
a siembra, a flor, hueles a amor, a ti,
hueles a sal, sabes a sal, amor y a mí.
En mis labios te sé, te reconozco,
y giras y eres y miras incansable

y toda tú me suenas
dentro del corazón como mi sangre.
Te digo que estoy solo y que me faltas.
Nos faltamos, amor, y nos morimos
y nada haremos ya sino morirnos.
Esto lo sé, amor, esto sabemos.
Hoy y mañana, así, y cuando estemos
en nuestros brazos simples y cansados,
me faltarás, amor, nos faltaremos.

Tu cuerpo está a mi lado

Tu cuerpo está a mi lado
fácil, dulce, callado.
Tu cabeza en mi pecho se arrepiente
con los ojos cerrados
y yo te miro y fumo
y acaricio tu pelo enamorado.
Esta mortal ternura con que callo
te está abrazando a ti mientras yo tengo
inmóviles mis brazos.
Miro mi cuerpo, el muslo
en que descansa tu cansancio,
tu blando seno oculto y apretado
y el bajo y suave respirar de tu vientre
sin mis labios.
Te digo a media voz
cosas que invento a cada rato
y me pongo de veras triste y solo
y te beso como si fueras tu retrato.
Tú, sin hablar, me miras
y te aprietas a mí y haces tu llanto
sin lágrimas, sin ojos, sin espanto.
Y yo vuelvo a fumar, mientras las cosas
se ponen a escuchar lo que no hablamos.

Mi corazón emprende...

Mi corazón emprende
de mi cuerpo a tu cuerpo último viaje.
Retoño de la luz,
agua de las edades que en ti, perdida, nace.
Ven a mi sed. Ahora.
Después de todo. Antes.
Ven a mi larga sed entretenida
en bocas, escasos manantiales.
Quiero esa arpa honda que en tu vientre
arrulla niños salvajes.
Quiero esa tensa humedad que te palpita,
esa humedad de agua que te arde.
Mujer, músculo suave.
La piel de un beso entre tus senos
de oscurecido oleaje
me navega en la boca
y mide sangre.
Tú también. Y no es tarde.
Aún podemos morirnos uno en otro:
es tuyo y mío ese lugar de nadie.
Mujer, ternura de odio, antigua madre,
quiero entrar, penetrarte,
veneno, llama, ausencia,

mar amargo y amargo, atravesarte.
Cada célula es hembra, tierra abierta,
agua abierta, cosa que se abre.
Yo nací para entrarte.
Soy la flecha en el lomo de la gacela agonizante.
Por conocerte estoy,
grano de angustia en corazón de ave.
Yo estaré sobre ti, y todas las mujeres
tendrán un hombre encima en todas partes.

Codiciada, prohibida...

Codiciada, prohibida,
cercana estás, a un paso, hechicera.
Te ofreces con los ojos al que pasa,
al que te mira, madura, derramante,
al que pide tu cuerpo como una tumba.
Joven maligna, virgen,
encendida, cerrada,
te estoy viendo y amando,
tu sangre alborotada,
tu cabeza girando y ascendiendo,
tu cuerpo horizontal sobre las uvas y el humo.
Eres perfecta, deseada.
Te amo a ti y a tu madre cuando estáis juntas.
Ella es hermosa todavía y tiene
lo que tú no sabes.
No sé a quién prefiero
cuando te arregla el vestido
y te suelta para que busques el amor.

Vamos a guardar este día...

Vamos a guardar este día
entre las horas, para siempre,
el cuarto a oscuras,
Debussy y la lluvia,
tú a mi lado, descansando de amar.
Tu cabellera en que el humo de mi cigarrillo
flotaba densamente, imantado, como una mano
acariciando.
Tu espalda como una llanura en el silencio
y el declive inmóvil de tu costado
en que trataban de levantarse,
como de un sueño, mis besos.
La atmósfera pesada
de encierro, de amor, de fatiga,
con tu corazón de virgen odiándome y odiándote.
Todo ese malestar del sexo ahíto,
esa convalecencia en que nos buscaban los ojos
a través de la sombra para reconciliarnos.
Tu gesto de mujer de piedra,
última máscara en que a pesar de ti te refugiabas,
domesticabas tu soledad.
Los dos, nuevos en el alma, preguntando por qué.
Y más tarde tu mano apretando la mía,

cayéndose tu cabeza blandamente en mi pecho,
y mis dedos diciéndole no sé qué cosas a tu cuello.
Vamos a guardar este día
entre las horas para siempre.

No es que muera de amor...

No es que muera de amor, muero de ti.
Muero de ti, amor, de amor de ti,
de urgencia mía de mi piel de ti,
de mi alma, de ti y de mi boca
y del insoportable que yo soy sin ti.
Muero de ti y de mí, muero de ambos,
de nosotros, de ése,
desgarrado, partido,
me muero, te muero, lo morimos.
Morimos en mi cuarto en que estoy solo,
en mi cama en que faltas,
en la calle donde mi brazo va vacío,
en el cine y los parques, los tranvías,
los lugares donde mi hombro
acostumbra tu cabeza
y mi mano tu mano
y todo yo te sé como yo mismo.
Morimos en el sitio que le he prestado al aire
para que estés fuera de mí,
y en el lugar en que el aire se acaba
cuando te echo mi piel encima
y nos conocemos en nosotros,
separados del mundo, dichosa, penetrada,

y cierto, interminable.
Morimos, lo sabemos, lo ignoran, nos morimos
entre los dos, ahora, separados,
del uno al otro, diariamente,
cayéndonos en múltiples estatuas,
en gestos que no vemos,
en nuestras manos que nos necesitan.
Nos morimos, amor, muero en tu vientre
que no muerdo ni beso,
en tus muslos dulcísimos y vivos,
en tu carne sin fin, muero de máscaras,
de triángulos oscuros e incesantes.
Muero de mi cuerpo y de tu cuerpo,
de nuestra muerte, amor, muero, morimos.
En el pozo de amor a todas horas,
inconsolable, a gritos,
dentro de mí, quiero decir, te llamo,
te llaman los que nacen, los que vienen
de atrás, de ti, los que a ti llegan.
Nos morimos, amor, y nada hacemos
sino morirnos más, hora tras hora,
y escribirnos y hablarnos y morirnos.

Te quiero porque tienes...

Te quiero porque tienes
las partes de la mujer en el lugar preciso
y estás completa.
No te falta ni un pétalo,
ni un olor, ni una sombra.
Colocada en tu alma,
dispuesta a ser rocío en la yerba del mundo,
leche de luna en las oscuras hojas.
Quizá me ves,
tal vez, acaso un día,
en una lámpara apagada,
en un rincón del cuarto donde duermes,
soy la mancha, un punto en la pared,
alguna raya que tus ojos, sin ti,
se quedan viendo.
Quizá me reconoces
como una hora antigua
cuando a solas preguntas, te interrogas
con el cuerpo cerrado y sin respuesta.
Soy una cicatriz que ya no existe,
un beso ya lavado por el tiempo,
un amor y otro amor que ya enterraste.
Pero estás en mis manos y me tienes

y en tus manos estoy, brasa, ceniza,
para secar tus lágrimas que lloro.
¿En qué lugar, en dónde, a qué deshoras
me dirás que te amo? Esto es urgente
porque la eternidad se nos acaba.
Recoge mi cabeza. Guarda el brazo
con que amé tu cintura. No me dejes
en medio de tu sangre en esa toalla.

Te desnudas igual...

Te desnudas igual que si estuvieras sola
y de pronto descubres que estás conmigo.
¡Cómo te quiero entonces
entre las sábanas y el frío!

Te pones a flirtearme como a un desconocido
y yo te hago la corte ceremonioso y tibio.
Pienso que soy tu esposo
y que me engañas conmigo.
¡Y cómo nos queremos entonces en la risa
de hallarnos solos en el amor prohibido!
(Después, cuando pasó, te tengo miedo
y siento un escalofrío).

Los amorosos

Los amorosos callan.
El amor es el silencio más fino,
el más tembloroso, el más insoportable.
Los amorosos buscan,
los amorosos son los que abandonan,
son los que cambian, los que olvidan.
Su corazón les dice que nunca han de encontrar,
no encuentran, buscan.
Los amorosos andan como locos
porque están solos, solos, solos,
entregándose, dándose a cada rato,
llorando porque no salvan al amor.
Les preocupa el amor. Los amorosos
viven al día, no pueden hacer más, no saben.
Siempre se están yendo,
siempre, hacia alguna parte.
Esperan,
no esperan nada, pero esperan.
Saben que nunca han de encontrar.
El amor es la prórroga perpetua,
siempre el paso siguiente, el otro, el otro.
Los amorosos son los insaciables,
los que siempre —¡que bueno!— han de estar solos.

Los amorosos son la hidra del cuento.
Tienen serpientes en lugar de brazos.
Las venas del cuello se les hinchan
también como serpientes para asfixiarlos.
Los amorosos no pueden dormir
porque si se duermen se los comen los gusanos.
En la oscuridad abren los ojos
y les cae en ellos el espanto.
Encuentran alacranes bajo la sábana
y su cama flota como sobre un lago.
Los amorosos son locos, sólo locos,
sin Dios y sin diablo.
Los amorosos salen de sus cuevas
temblorosos, hambrientos,
a cazar fantasmas.
Se ríen de las gentes que lo saben todo,
de las que aman a perpetuidad, verídicamente,
de las que creen en el amor
como una lámpara de inagotable aceite.
Los amorosos juegan a coger el agua,
a tatuar el humo, a no irse.
Juegan el largo, el triste juego del amor.
Nadie ha de resignarse.
Dicen que nadie ha de resignarse.
Los amorosos se avergüenzan de toda conformación.
Vacíos, pero vacíos de una a otra costilla,
la muerte les fermenta detrás de los ojos,
y ellos caminan, lloran hasta la madrugada
en que trenes y gallos se despiden dolorosamente.
Les llega a veces un olor a tierra recién nacida,
a mujeres que duermen con la mano en el sexo,
complacidas,
a arroyos de agua tierna y a cocinas.

Los amorosos se ponen a cantar entre labios
una canción no aprendida,
y se van llorando, llorando,
la hermosa vida.

Yo no lo sé de cierto...

Yo no lo sé de cierto, pero supongo
que una mujer y un hombre
un día se quieren,
se van quedando solos poco a poco,
algo en su corazón les dice que están solos,
solos sobre la tierra se penetran,
se van matando el uno al otro.
Todo se hace en silencio. Como
se hace la luz dentro del ojo.
El amor une cuerpos.
En silencio se van llenando el uno al otro.
Cualquier día despiertan, sobre brazos;
piensan entonces que lo saben todo.
Se ven desnudos y lo saben todo.
(Yo no lo sé de cierto. Lo supongo.)

Cuando estuve en el mar era marino...

Cuando estuve en el mar era marino
este dolor sin prisas.
Dame ahora tu boca:
me la quiero comer con tu sonrisa.
Cuando estuve en el cielo era celeste
este dolor urgente.
Dame ahora tu alma:
quiero clavarle el diente.
No me des nada, amor, no me des nada:
yo te tomo en el viento,
te tomo del arroyo de la sombra,
del giro de la luz y del silencio,
de la piel de las cosas
y de la sangre con que subo al tiempo.
Tú eres un surtidor aunque no quieras
y yo soy el sediento.
No me hables, si quieres, no me toques,
no me conozcas más, yo ya no existo.
Yo soy sólo la vida que te acosa
y tú eres la muerte que resisto.

Me dueles

Mansamente, insoportablemente, me dueles.
Toma mi cabeza. Córtame el cuello.
Nada queda de mí después de este amor.
Entre los escombros de mi alma, búscame,
escúchame.
En algún sitio, mi voz sobreviviente, llama,
pide tu asombro, tu iluminado silencio.
Atravesando muros, atmósferas, edades,
tu rostro (tu rostro que parece que fuera cierto)
viene desde la muerte, desde antes
del primer día que despertara al mundo.
¡Qué claridad de rostro, qué ternura
de luz ensimismada,
qué dibujo de miel sobre hojas de agua!
Amo tus ojos, amo, amo tus ojos.
Soy como el hijo de tus ojos,
como una gota de tus ojos soy.
Levántame. De entre tus pies levántame, recógeme,
del suelo, de la sombra que pisas,
del rincón de tu cuarto que nunca ves en sueños.
Levántame. Porque he caído de tus manos
y quiero vivir, vivir, vivir.

Sitio de amor

Sitio de amor, lugar en que he vivido
de lejos, tú, ignorada,
amada que he callado, mirada que no he visto,
mentira que me dije y no he creído:
en esta hora en que los dos, sin ambos,
a llanto y odio y muerte nos quisimos,
estoy, no sé si estoy, ¡si yo estuviera!,
queriéndote, llorándome, perdido.
(Ésta es la última vez que yo te quiero.
En serio te lo digo.)
Cosas que no conozco, que no he aprendido,
contigo, ahora, aquí, las he aprendido.
En ti creció mi corazón.
En ti mi angustia se hizo.
Amada, lugar en que descanso,
silencio en que me aflijo.
(Cuando miro tus ojos
pienso en un hijo.)
Hay horas, horas, horas, en que estás tan ausente
que todo te lo digo.
Tu corazón a flor de piel, tus manos,
tu sonrisa perdida alrededor de un grito,
ése tu corazón de nuevo, tan pobre, tan sencillo,

y ése tu andar buscándome por donde yo no he ido:
todo eso que tú haces y no haces a veces
es como para estarse peleando contigo.
Niña de los espantos, mi corazón caído,
ya ves, amada, niña, qué cosas digo.

Me tienes en tus manos

Me tienes en tus manos
y me lees lo mismo que un libro.
Sabes lo que yo ignoro
y me dices las cosas que no me digo.
Me aprendo en ti más que en mí mismo.
Eres como un milagro de todas horas,
como un dolor sin sitio.
Si no fueras mujer fueras mi amigo.
A veces quiero hablarte de mujeres
que a un lado tuyo persigo.
Eres como el perdón
y yo soy como tu hijo.
¿Qué buenos ojos tienes cuando estás conmigo?
¡Qué distante te haces y qué ausente
cuando a la soledad te sacrifico!
Dulce como tu nombre, como un higo,
me esperas en tu amor hasta que arribo.
Tú eres como mi casa,
eres como mi muerte, amor mío.

Sólo en sueños

Sólo en sueños,
sólo en el otro mundo del sueño te consigo,
a ciertas horas, cuando cierro puertas
detrás de mí.
¡Con qué desprecio he visto a los que sueñan,
y ahora estoy preso en su sortilegio,
atrapado en su red!
¡Con qué morboso deleite te introduzco
en la casa abandonada, y te amo mil veces
de la misma manera distinta!
Esos sitios que tú y yo conocemos
nos esperan todas las noches
como una vieja cama
y hay cosas en lo oscuro que nos sonríen.
Me gusta decirte lo de siempre
y mis manos adoran tu pelo
y te estrecho, poco a poco, hasta mi sangre.
Pequeña y dulce, te abrazas a mi abrazo,
y con mi mano en tu boca, te busco y te busco.
A veces lo recuerdo. A veces
sólo el cuerpo cansado me lo dice.
Al duro amanecer estás desvaneciéndote
y entre mis brazos sólo queda tu sombra.

¡Qué risueño contacto!

¡Qué risueño contacto el de tus ojos,
ligeros como palomas asustadas a la orilla del agua!
¡Qué rápido contacto el de tus ojos
con mi mirada!

¿Quién eres tú? ¡Qué importa!
A pesar de ti misma,
hay en tus ojos una breve palabra
enigmática.
No quiero saberla. Me gustas
mirándome de lado, escondida, asustada.
Así puedo pensar que huyes de algo,
de mí o de ti, de nada,
de esas tentaciones que dicen que persiguen
a la mujer casada.

Tú tienes lo que busco

Tú tienes lo que busco, lo que deseo, lo que amo,
tú lo tienes.
El puño de mi corazón está golpeando, llamando.
Te agradezco a los cuentos,
doy gracias a tu madre y a tu padre,
y a la muerte que no te ha visto.
Te agradezco al aire.
Eres esbelta como el trigo,
frágil como la línea de tu cuerpo.
Nunca he amado a una mujer delgada
pero tú has enamorado mis manos,
ataste mi deseo,
cogiste mis ojos como dos peces.
Por eso estoy a tu puerta, esperando.

Casida de la tentadora

Todos te desean pero ninguno te ama.
Nadie puede quererte, serpiente,
porque no tienes amor,
porque estás seca como la paja seca
y no das fruto.
Tienes el alma como la piel de los viejos.
Resígnate. No puedes hacer más
sino encender las manos de los hombres
y seducirlos con las promesas de tu cuerpo.
Alégrate. En esa profesión del deseo
nadie como tú para simular inocencia
y para hechizar con tus ojos inmensos.

Me doy cuenta de que me faltas

Me doy cuenta de que me faltas
y de que te busco entre las gentes, en el ruido,
pero todo es inútil.
Cuando me quedo solo
me quedo más solo
solo por todas partes y por ti y por mí.
No hago sino esperar.
Esperar todo el día hasta que no llegas.
Hasta que me duermo
y no estás y no has llegado
y me quedo dormido
y terriblemente cansado
preguntando.
Amor, todos los días.
Aquí a mi lado, junto a mí, haces falta.
Puedes empezar a leer esto
y cuando llegues aquí empezar de nuevo.
Cierra estas palabras como un círculo,
como un aro, échalo a rodar, enciéndelo.
Estas cosas giran en torno a mí igual que moscas,
en mi garganta como moscas en un frasco.
Yo estoy arruinado.
Estoy arruinado de mis huesos,
todo es pesadumbre.

Tu nombre

Trato de escribir en la oscuridad tu nombre.
Trato de escribir que te amo.
Trato de decir a oscuras todo esto.
No quiero que nadie se entere,
que nadie me mire a las tres de la mañana
paseando de un lado a otro de la estancia,
loco, lleno de ti, enamorado.
Iluminado, ciego, lleno de ti, derramándote.
Digo tu nombre con todo el silencio de la noche,
lo grita mi corazón amordazado.
Repito tu nombre, vuelvo a decirlo,
lo digo incansablemente,
y estoy seguro que habrá de amanecer.

Pequeña del amor

Pequeña del amor, tú no lo sabes,
tú no puedes saberlo todavía,
no me conmueve tu voz
ni el ángel de tu boca fría,
ni tus reacciones de sándalo
en que perfumas y expiras,
ni tu mirada de virgen
crucificada y ardida.

No me conmueve tu angustia
tan bien dicha,
ni tu sollozar callado
y sin salida.

No me conmueven tus gestos
de melancolía,
ni tu anhelar, ni tu espera,
ni la herida
de que me hablas afligida.

Me conmueves toda tú
representando tu vida
con esa pasión tan torpe

y tan limpia,
como el que quiere matarse
para contar: soy suicida.

Hoja que apenas se mueve
ya se siente desprendida:
voy a seguirte queriendo
todo el día.

Boca de llanto

Boca de llanto, me llaman
tus pupilas negras,
me reclaman. Tus labios
sin ti me besan.
¡Cómo has podido tener
la misma mirada negra
con esos ojos
que ahora llevas!

Sonreíste. ¡Qué silencio,
qué falta de fiesta!
¡Cómo me puse a buscarte
en tu sonrisa, cabeza
de tierra,
labios de tristeza!

No lloras, no llorarías
aunque quisieras;
tienes el rostro apagado
de las ciegas.

Puedes reír. Yo te dejo
reír, aunque no puedas.

Jaime Torres Bodet

*P*oeta y dramaturgo mexicano nacido en la ciudad
de México, en 1902. Inició sus estudios profesionales en la
Escuela de Jurisprudencia y en la Facultad de Altos Estu-
dios de la Universidad Nacional de México. Su obra
poética se inició con "Fervor", en 1918, al que siguieron
entre otros: "El corazón delirante", en 1922; "La casa", en
1923; "Poemas", en 1924; "Biombo", en 1925; "Destierro",
en 1930; "Cripta", en 1937; "Sonetos", en 1949; "Fronte-
ras", en 1954; "Sin tregua", en 1957; "Trébol de cuatro
hojas", en 1958 y "Obra poética", en 1967. Después de pa-
decer una larga enfermedad se quitó la vida en 1974.

Amor

Para escapar de ti
no bastan ya peldaños,
túneles, aviones,
teléfonos o barcos.
Todo lo que se va
con el hombre que escapa:
el silencio, la voz,
los trenes y los años,
no sirve para huir
de este recinto exacto
—sin horas ni reloj,
sin ventanas ni cuadros—
que a todas partes va
conmigo, cuando viajo.

Para escapar de ti
necesito un cansancio
nacido de ti misma:
una duda, un rencor,
la vergüenza de un llanto;
el miedo que me dio
—por ejemplo— poner
sobre tu frágil nombre
la forma impropia y dura
y brusca de mis labios...

Canción de las voces serenas

Se nos ha ido la tarde
en cantar una canción,
en perseguir una nube
y en deshojar una flor.

Se nos ha ido la noche
en decir una oración,
en hablar con una estrella
y en morir con una flor.

Y se nos irá la aurora
en volver a esa canción,
en perseguir otra nube
y en deshojar otra flor.

Y se nos irá la vida
sin sentir otro rumor
que el del agua de las horas
que se lleva el corazón...

Carta

Amada, en las palabras que te escribo
quisiera que encontraras el color
de este pálido cielo pensativo
que estoy mirando, al recordar tu amor.

Que sintieras que ya julio se acerca
—el oro está naciendo de la mies—,
y escucharas zumbar la mosca terca
que oigo volar en el calor del mes...

Y pensaras: "¡Qué año tan ardiente!",
"¡cuánto sol en las bardas!"... y, quizás,
que un suspiro cerrara blandamente
tus ojos... nada más... ¿Para qué más?

Confianza

Esta noche tu amor me penetra
como llanto de lluvia en negrura,
o, más bien, ese ritmo sin letra
que de un verso olvidado perdura;
y me torna profundo y sencillo
como el oro del sol tamizado
que renueva, en hipnótico brillo,
el barniz de algún cuadro apagado.

Invitación al viaje

Con las manos juntas,
en la tarde clara,
vámonos al bosque
de la sien de plata.

Bajo los pinares,
junto a la cañada,
hay un agua limpia
que hace limpia el alma.

Bajaremos juntos,
juntos a mirarla
y a mirarnos juntos
en sus ondas rápidas...

Bajo el cielo de oro
hay en la montaña
una encina negra
que hace negra el alma:

Subiremos juntos
a tocar sus ramas
y oler el perfume
de sus mieles ásperas...

Otoño nos cita
con un son de flautas:
vamos a buscarlo
por la tarde clara.

La doble

Era de noche tan rubia
como de día morena.

Cambiaba, a cada momento
de color y de tristeza,
y en jugar a los reflejos
se le iba la existencia,
como al niño que, en el mar,
quiere pescar una estrella
y no la puede tocar
porque su mano la quiebra.

De noche, cuando cantaba,
olía su cabellera
a luz, como un despertar
de pájaros en la selva;
y si cantaba en el sol
se hacía su voz tan lenta,
tan íntima, tan opaca,
que apenas iluminaba
el sitio que, entre la hierba,
alumbra al amanecer
el brillo de una luciérnaga.

¡Era de noche tan rubia
y de día tan morena!

Suspiraba sin razón
en lo mejor de las fiestas,
y puesta frente a la dicha,
se equivocaba de puerta.

No se atrevía a escoger
entre el oro de la mies
y el oro de la hoja seca,
y —tal vez por eso— no
supe jamás entenderla,

porque de noche era rubia
y de mañana morena...

Mujer

¿Qué palabras dormidas
en páginas de líricos compendios
—o al contrario, veloces,
azules, verdes, blancas, recorriendo
los tubos de qué eléctricos letreros—
debo resucitar para expresarte,
cielo de un corazón que a nadie aloja,
anuncio incomprensible,
mujer: adivinanza sin secreto?

Paz

No nos diremos nada. Cerraremos las puertas.
Deshojaremos rosas sobre el lecho vacío
y besaré, en el hueco de tus manos abiertas,
la dulzura del mundo, que se va, como un río...

Baño

Mujer mirada en el espejo umbrío
del baño que entre pausas te presenta,
con sólo detenerte una tormenta
de colores aplacas en el río...

Sales al fin, con el escalofrío
de una piel recobrada sin afrenta,
y gozas de sentirte menos lenta
que en el agua en el aire del estío.

Desde la sien hasta el talón de plata
—única línea de tu cuerpo, dura—
tu doncellez en lirios se desata.

Pero ¡con qué pudor de veste pura,
recoges del cristal que te retrata
—al salir de tu sombra— tu figura!

José Emilio Pacheco

oeta mexicano nacido en la ciudad de México en 1939. Empezó a brillar desde muy joven en el panorama cultural mexicano, gracias a su dominio de las formas clásicas y modernas. Además de poeta y prosista, se ha consagrado también como eximio traductor, trabajando como director y editor de colecciones bibliográficas y diversas publicaciones y suplementos culturales. De su obra poética se destacan: "Los elementos de la noche", en 1963; "El reposo del fuego", en 1966; "No me preguntes cómo pasa el tiempo", en 1969; "Irás y no volverás", en 1973; "Islas a la deriva", en 1976; "Desde entonces", en 1980 y "Trabajos en el mar", en 1983.

Alta traición

No amo mi patria.
Su fulgor abstracto
   es inasible.
Pero (aunque suene mal)
   daría la vida
por diez lugares suyos,
   cierta gente,
puertos, bosques de pinos,
   fortalezas,
una ciudad deshecha,
   gris, monstruosa,
varias figuras de su historia,
   montañas
   —y tres o cuatro ríos.

Gota de lluvia

Una gota de lluvia temblaba en la enredadera.
Toda la noche estaba en esa humedad sombría
que de repente
iluminó la luna.

La diosa blanca

Porque sabe cuánto la quiero y cómo hablo de ella
　　en su ausencia,
la nieve vino a despedirme.
Pintó de Brueghel los árboles.
Hizo dibujo de Hosukai el campo sombrío.

Imposible dar gusto a todos.
La nieve que para mí es la diosa, la novia,
Astarté, Diana, la eterna muchacha,
para otros es la enemiga, la bruja, la condenable
　　a la hoguera.
Estorba sus labores y sus ganancias.
La odian por verla tanto y haber crecido con ella.
La relacionan con el sudario y la muerte.

A mis ojos en cambio es la joven vida, la Diosa Blanca
que abre los brazos y nos envuelve por un segundo
　　y se marcha.
Le digo adiós, hasta luego, espero volver a verte
　　algún día.
Adiós, espuma del aire, isla que dura un instante.

Lluvia de sol

La muchacha desnuda toma el sol
apenas cubierta
por la presencia de las frondas.

Abre su cuerpo al sol
que en lluvia de fuego
la llena de luz.
Entre sus ojos cerrados
la eternidad se vuelve instante de oro.
La luz nació para que el resplandor de este cuerpo
le diera vida.
Un día más
sobrevive la tierra gracias a ella
que sin saberlo
es el sol
entre el rumor de las frondas.

Memoria

No tomes muy en serio
lo que te dice la memoria.

A lo mejor no hubo esa tarde.
Quizá todo fue autoengaño.
La gran pasión
sólo existió en tu deseo.

Quién te dice que no te está contando ficciones
para alargar la prórroga del fin
y sugerir que todo esto
tuvo al menos algún sentido.

José Gorostiza

Poeta mexicano nacido en San Juan Bautista, hoy Villahermosa, Tabasco, en 1901. Su vida se repartió entre la literatura y el servicio público. Junto con Xavier Villaurrutia y Carlos Pellicer fue uno de los miembros más destacados del grupo de los "Contemporáneos ", movimiento que trató de recuperar el carácter universal de la poesía. Gorostiza representa la tendencia más puramente espiritual, instalada en la belleza formal y el simbolismo. "Canciones para cantar en las barcas " y "Muerte sin fin", son sus obras más representativas. Falleció en 1973.

¿Quién me compra una naranja?

¿Quién me compra una naranja
para mi consolación?
Una naranja madura
en forma de corazón.
La sal del mar en los labios,
¡ay de mí!
la sal del mar en las venas
y en los labios recogí.
Nadie me diera los suyos
para besar.
La blanda espiga de un beso
yo no la puedo segar.
Nadie pidiera mi sangre
para beber.
Yo mismo no sé si corre
o si se deja correr.
Como se pierden las barcas,
¡ay de mí!
como se pierden las nubes
y las barcas, me perdí.
Y pues nadie me lo pide,
ya no tengo corazón.
¿Quién me compra una naranja
para mi consolación?

Mujeres

De mi ciudad sonora
viene al pueblo de tibia somnolencia,
donde saben a sal los labios de la aurora.
Y traje una dolencia
de mis valles,
ansiosos de marina transparencia.
Cruzaban las angostas cintas de las calles
mujeres de aguzados senos
y agilidad de música en los talles.
Había sol en los rostros morenos;
dos ágatas de luz en sus pupilas,
y en sus labios melifluos los venenos
en onduladas filas,
eran como de cálidas palomas
por el limpio tejado de las montañas lilas.
Y soñaban en pomas
paradisiacas de filtrado jugo,
y en un idilio de los vientos con los aromas.
Al Señor Nuestro plugo
darles líneas de copas transparentes,
como se reza en Hugo.
Y secaron mis fuentes
por esa gota lánguida de un beso

en las finas copas de labios adolescentes.
Córdoba, cofre de mujeres, dulce embeleso:
Les prometí la luz de un arrebol
por esa gota lánguida de un beso...
¡Y me dieron el sol!

Romance

La niña de mi lugar
tiene de oro las cejas,
y en la mirada, desnudas,
las luces de las luciérnagas.
¿Has visto pasar los barcos
desde la orilla?
            Recuerdan
sus faros malabaristas,
verdes, azules y sepia,
que tu mirada trasciende
la oscuridad de la niebla
—y más aún, la ilumina
a punto de transparencia.
¿Has visto flechar las garzas
a las nubes?
            Me recuerdan
si diste al aire los brazos
cuando salimos de tierra,
y el biombo lila del aire
con tus adioses se llena.
Y si cantas —¡canta, sí!—
tu voz anula mi ausencia;
mástiles, jarcias y viento

se confunden con tan lenta
sencilla sonoridad,
con tan pausada manera
que no sería más claro
el tañido de una estrella.
Robinsón y Simbad, náufragos
incorregibles, ¿mi queja
a quién la podré confiar
si no a vosotros, apenas?
Que yo naufragara un día.
¡Las luces de las luciérnagas
iban a licuarse todas
en un hilo de agua tierna!

José Juan Tablada

Poeta, periodista y diplomático mexicano nacido en la ciudad de México en 1871. Realizó sus estudios primarios en un colegio militar incursionando en el campo poético desde muy joven. A los diecinueve años viajó a Japón y posteriormente a París, países que influyeron notablemente en la calidad de su poesía. "Florilegio", en 1898; "Al sol y bajo la luna", en 1918; "Poemas sintéticos", en 1919; "Li-Po y otros poemas", en 1920 y "El jarro de flores", en 1922, forman parte de su importante obra. Falleció en Nueva York en 1945.

Abraxa

Como un diamante sobre el terciopelo
de un joyero de ébano sombrío,
abandona tu amor sobre mi hastío
la diamantina claridad de un cielo.

Rugió la tempestad...: muerto de frío,
en ti —jardín en flor— posé mi vuelo,
y te bañó mi torvo desconsuelo,
¡oh lirio!, en vez del matinal rocío.

¡Y ni un suspiro de tristeza exhalas!
y dejas que mi frente pesarosa
empolve con sus pésames tus galas,

¡y que te abrace al fin mi alma tediosa
como crispa un murciélago sus alas
sobre el cáliz fragante de una rosa!

En el parque

Un último sonrojo murió sobre tu frente...
Caíste sobre el césped; la tarde sucumbía,
Venus en el brumoso confín aparecía
y rimando tus ansias sollozaba la fuente.

¿Viste acaso aquel lirio y cómo deshacía
una a una sus hojas en la turbia corriente,
cuando al eco obstinado de mi súplica ardiente
respondiste anegando tu mirada en la mía?

Ya en la actitud rendida que la caricia invoca,
en la grama tendiste tus blancos brazos flojos
rendida ante los ruegos de mi palabra loca.

Y yo sobre tu cuerpo cayendo al fin de hinojos,
miré todas las rosas sangrando entre tu boca
¡y todas las estrellas bajando hasta tus ojos!

Soneto Watteau

¡Manón, la de ebúrnea frente,
la de cabello empolvado
y vestidura crujiente,
tus ojos me han cautivado!

Eco de mi amor ardiente,
el clavicordio ha cantado
la serenata doliente
y el rondel enamorado...

¡Ven! ¡El Amor que aletea
lanza su flecha dorada,
y en el mar que azul ondea

surge ya la empavesada
galera flordelisada
que conduce a Citerea!

En otoño

La lluvia obstinada y fría
de aquella tarde brumosa,
¡desbarató muchos nidos
y deshojó muchas rosas!

Allá en la desierta sala
frente a la ventana gótica,
los dos solos. Él callado;
ella pálida y tediosa
finge desdén, y sus ojos
están tristes y no lloran,
y las crueles palabras
que de su garganta brotan
quieren vibrar y acarician,
quieren herir y sollozan...
La falta es nube de estío
y las nubes se evaporan
cuando surge el sol radiante;
pero ella piensa orgullosa:
¡Cuando al corazón lastiman
las faltas no se perdonan!
Él medita que al agravio
las rodillas no se doblan,

y ambos callan pensativos
frente a la ventana gótica...
¿Por qué no arrojan la máscara
si al cabo los ojos lloran?
¿Por qué enmudecen los labios
si las almas están rotas?

¡Ay, en vano los recuerdos
tienden el ala y remontan
los horizontes azules
de las horas venturosas!
En vano recuerda ella
el despertar en la alcoba,
cuando de la serenata
se desprendían las notas
¡y sobre del blanco alféizar,
aparecía en la sombra
una mano que se alzaba
con un puñado de rosas!
En vano el galán medita
en las palabras ansiosas,
en la frente pensativa
y en los besos de su novia.

Los recuerdos vuelven tristes
con las alas temblorosas,
y ateridos se acurrucan
otra vez en la memoria...
¡Ella firme piensa en que
las faltas no se perdonan,
y él se obstina en que al agravio
las rodillas no se doblan!
Mientras, en alas del viento

las hojas secas sollozan
por esa lluvia que sigue
cayendo en la noche umbrosa,
¡desbaratando los nidos
y deshojando las rosas!

La Venus china

En su rostro ovalado palidece el marfil,
la granada en sus labios dejó púrpura y miel,
son sus cejas el rasgo de un oblicuo pincel
y sus ojos dos gotas de opio negro y sutil.

Cual las hojas de nácar de un extraño clavel
florecieron las uñas de su mano infantil,
que agitando en la sombra su abanico febril
hace arder en sus sedas un dorado rondel...

Arropada en su manto de brocado turquí,
en la taza de jade bebe sorbos de té,
mientras arde a sus plantas aromoso benjuí.

¡Mas irguióse la Venus y el encanto se fue,
pues enjuto, en la cárcel de cruel borceguí,
era un pie de faunesa de la Venus el pie!...

Misa negra

¡Noche de sábado! Callada
está la tierra y negro el cielo;
late en mi pecho una balada
de doloroso ritornelo.

El corazón desangra herido
bajo el cilicio de las penas
y corre el plomo derretido
de la neurosis en mis venas.

¡Amada ven!…¡Dale a mi frente
el edredón de tu regazo
y a mi locura dulcemente,
lleva a la cárcel de tu abrazo!

¡Noche de sábado! En tu alcoba
hay perfume de incensario,
el oro brilla y la caoba
tiene penumbras de sagrario.

Y allá en el lecho do reposa
tu cuerpo blanco, reverbera
como custodia esplendorosa
tu desatada cabellera.

Toma el aspecto triste y frío
de la enlutada religiosa
y con el traje más sombrío
viste tu carne voluptuosa.

Con el murmullo de los rezos
quiero la voz de tu ternura,
y con el óleo de mis besos
ungir de diosa tu hermosura.

Quiero cambiar el grito ardiente
de mis estrofas de otros días,
por la salmodia reverente
de las unciosas letanías;

quiero en las gradas de tu lecho
doblar temblando la rodilla
y hacer del ara de tu lecho
y de tu alcoba la capilla...

Y celebrar ferviente y mudo,
sobre tu cuerpo seductor,
lleno de esencias y desnudo
¡la Misa Negra de mi amor!

Las prostitutas...

Las prostitutas
Ángeles de la Guarda
de las tímidas vírgenes;
ellas detienen la embestida
de los demonios y sobre el burdel
se levantan las casas de cristal
donde sueñan las niñas...

La mujer tatuada

Las huellas de los pies de sus amantes
han cubierto su alcoba
con un tapiz de peregrinaciones.

La arcilla de su seno
está llena de huellas digitales,
y todo su cuerpo de jeroglíficos
de colibríes, besos
de sus amantes niños...

El vuelo de sus cejas
en su frente admirable
posa un perfil de zopilote
sobre los cráneos del zompantli,
que echa a volar cuando sus ojos
luminosos se abren...

Espejo de obsidiana
del brujo Tezcatlipoca;
yugo de granito;
¡cóncavo
vaso de sacrificios!

Cuerpo macerado de inciensos
como las paredes de los templos.
Un pasajero amante
dejó escrito su nombre en un tatuaje
sobre su carne.

Su esencial orquídea,
como las de Mitla,
surge entre las piedras del templo
promulgando sangre de víctimas,
imán de mariposa, ilusión
que flota en claros de luna ơ tiembla
en un verde rayo de sol.

La Teoyamique sonríe en sus dientes
y el jaguar de su ardor abre las fauces
al través de una enagua de serpientes

y, hélice del Calendario ancestral,
su misterio sobre nuestras escamas
riza elásticas plumas de quetzal.

De su alma llena de sepulcros
suben hasta sus ojos
espectros y vislumbres de tesoros

y tanta pasión suprimida;
momias que emparedó el Santo Oficio
¡y hoy implacables resucitan...!

Mientras su carne de cera
arde con flama de pasión
como gran cirio de la Inquisición.

Se siente Emperatriz en las verbenas
y en la profunda ergástula de sus amantes, Reina,
y aspira como ídolo copales y alhucemas.

Caen los besos de sus ojeras a la sombra,
en el ávido surco de su boca
y sus senos se hinchan
como si fueran a brotar dos rosas...

En su vientre está la equino-cáctea,
en su vientre infecundo
¡tan blanco como la Vía Láctea
llena de mundos...!

Sus pésames aúllan con los coyotes de la sierra
y su máscara estampada de flores
cubre una sonrisa de hiena.

Como submarinas medusas
en espejismos de Atlántidas
ruedan sus ojos en blanco

cuando entre blasfemias roncas
su hombre se rinde entre sus brazos
como un ahorcado en una horca.

Nada hay
tan semejante a una chinampa florida
como su carne escondida
bajo tápalos de Catay...

Y a ella toda, como la gran curva de luz
del cohete que en silencio vuela

y suspende, doblado en festón de saúz,
un jardín milagroso en la plazuela

a tiempo que a la vera de la vieja casona
esquiva la Llorona
su fluido cuerpo de lémur
y su quejido doliente y vano

como de flauta hecha en un fémur
                              humano...

Agua fuerte

Pasas trotando como si huyeras
y se diría
que antros de vicio buscando fueras
con las pupilas ardiendo al día
entre la sombra de las ojeras...

Tu cuerpo trémulo se arrebuja
con turbadores gestos de vicio,
y vas furtiva como una bruja
bajo las iras del Santo Oficio.

> Bajo el arco de los tacones
> de tus empinados chapines,
> corren los ríos de ilusiones
> de tus amantes malandrines.

Cubres tu frente con el mantón
y macerada por el pecado
a las campanas de la oración
tiemblas; el cierzo te ha flagelado
con anatemas de Inquisición...

> La brasa de los besos
> chirría en tu saliva

y las ojeras de los excesos
orlan tu carne de siempreviva.

De adobos brujos tus carnes untas
y en fiel consorcio con tu lesbiana,
sobre una escoba las piernas juntas
vuelas a un sabat de mariguana...

En tus ojos alucinados
por espejismos de vicio,
queman los siete pecados
raros fuegos de artificio.

En tu regazo tienes al diablo,
bajo tus faldas arde la hoguera;
hace tres siglos tu sino fuera,
letra y efigie de algún retablo,
morir quemada por hechicera.

Cuando al toque de oración
flotando en negro mantón
en la penumbra apareces
y tus miradas destellas
un murciélago pareces
clavado con dos estrellas.

Luis G. Urbina

Poeta mexicano nacido en el Distrito Federal, en 1868. Desde muy joven se dedicó a las letras y a la poesía, trabajando en varios medios periodísticos de su país y del extranjero. Dictó cátedras de Literatura e Historia en varias universidades de América, y finalmente viajó a España, país en el que residió hasta su muerte, en 1934. Su obra se caracteriza por una gran calidez en la expresión de los sentimientos de amor y desengaño.

Vespertina

Más, apóyate más, que sienta el peso
de tu brazo en el mío; estás cansada,
y se durmió en tu boca el postrer beso
y en tus pupilas la última mirada.
¡Qué fatiga tan dulce, la fatiga
que precede a los éxtasis; pereza
del cuerpo y del espíritu, que obliga
a mezclar el amor con la tristeza!
Se ve la luz. Y la Naturaleza
parece que nos dice: Soy amiga
de todos los que se aman; soy amparo.
Ya os di alcobas de flores, ya os di asilos
misteriosos, descansad tranquilos
en la estrellada sombra que os preparo.
¡Oh, buena amiga! —el alma de las cosas
sigue de nuestro espíritu las huellas—:
primero para amar nos diste rosas;
después, para soñar, nos das estrellas.
La luz se duerme en el zafir, lo mismo
que en los profundos ojos de mi amada;
pero queda un fulgor en el abismo
y un toque de pasión en la mirada.
¡Sutil y misterioso panteísmo!
...Más, apóyate más; vienes cansada...

Así fue

Lo sentí; no fue una
separación, sino un desgarramiento;
quedó atónita el alma, y sin ninguna
luz, se durmió en la sombra el pensamiento.

Así fue; como un gran golpe de viento
en la serenidad del aire. Ufano,
en la noche tremenda,
llevaba yo en la mano
una antorcha con qué alumbrar la senda,
y que de pronto se apagó; la oscura
asechanza del mal y del destino
extinguió así la llama y mi locura.

Vi un árbol a la orilla del camino,
y me senté a llorar mi desventura.
Así fue, caminante
que me contemplas con mirada absorta
y curioso semblante.

Yo estoy cansado, sigue tú adelante;
mi pena es muy vulgar y no te importa.
Amé, sufrí, gocé, sentí el divino

soplo de la ilusión y la locura;
tuve la antorcha, la apagó el destino,
y me senté a llorar mi desventura
a la sombra de un árbol del camino.

Madrigal

Déjame amar tus claros ojos. Tienen
lejanías sin fin, de mar y cielo,
y sus fulgores apacibles vienen
hasta mi corazón como un consuelo.

Deja que con tus ojos se iluminen
mis viejas sombras y se vuelvan flores;
deja que con tus ojos se fascinen,
como aves de leyenda, mis dolores.

Que vea en ellos astros errabundos,
que en ellos sueñe inexplorados mundos
que en ellos bañe mi melancolía...
Son tristes, luminosos y profundos,
como puestas de sol, amada mía...

Metamorfosis

Era un cautivo beso enamorado
de una mano de nieve que tenía
la apariencia de un lirio desmayado
y el palpitar de un ave en agonía.
Y sucedió que un día,
aquella mano suave,
de palidez de cirio,
de languidez de lirio,
de palpitar de ave,
se acercó tanto a la prisión del beso,
que ya no pudo más el pobre preso
y se escapó; mas, con voluble giro,
huyó la mano hasta el confín lejano,
y el beso, que volaba tras la mano,
rompiendo el aire se volvió suspiro.

Lubrica Nox

Miré, airado, tus ojos, cual mira agua un sediento,
mordí tus labios como muerde un reptil la flor;
posé mi boca inquieta, como un pájaro hambriento,
en tus desnudas formas ya trémulas de amor.
Cruel fue mi caricia como un remordimiento;
y un placer amargo, con mezcla de dolor,
se deshacía en ansias de muerte y de tormento;
de frenesí morboso, de angustia y de furor.
Faunesa, tus espasmos fueron una agonía.
¡Qué hermosa estabas ebria de deseo, y qué mía
fue tu carne de mármol luminoso y sensual!
Después, sobre mi pecho, tranquila te dormiste
como una dulce niña, graciosamente triste
que sueña ¡sobre el tibio regazo maternal!

Redención

Te quiero porque en tu alma vive el germen
de ternura infinita,
como diáfana gota de rocío
sobre una flor marchita.

Te quiero porque he visto doblegarse
tu espléndida cabeza;
porque sé bien que en medio de la orgía
te invade la tristeza;

porque has pasado por la senda estrecha
en los grandes zarzales de la vida,
sin desgarrar tus blancas vestiduras,
sin hacerte una herida;

porque has ido pidiendo por el mundo,
con el candor de un niño,
a cada corazón a que has tocado,
un poco de cariño;

porque indica profundo sufrimiento
tu pálida mejilla;
porque en tus ojos que placer irradian
también el llanto brilla.

Te quiero. Nada importa que cansado
tu espíritu se aduerma;
yo lo habré de animar, yo daré aliento
a tu esperanza enferma.

¡Mariposa que fuiste entre las flores
dejando tus bellezas y tus galas,
yo volveré a poner el polvo de oro
sobre tus leves alas!

Desolación

Ha muerto ya la pasión loca
después de una larga agonía.
No busques besos en mi boca.
Se quedó la jaula vacía.
Barrí los últimos despojos
de ilusiones y de ternuras.
No busques brillo en mis ojos.
¿No ves que la casa está a oscuras?
Es inútil que tiendas la mano.
Ni una flor en el parque en ruina.
No tiendas la mano. Es en vano,
te pudieras clavar una espina.
Sólo musgo en las lápidas nace.
Ya lo ves: camposanto de olvido.
¡Vete! Y cierra el portón podrido.
Déjame a solas con mis muertos.

Hechicera

No sentí cuando entraste; estaba oscuro
en la penumbra de un ocaso lento,
el parque antiguo de mi pensamiento
que ciñe la tristeza, cual un muro.

Te vi llegar a mí como un conjuro,
como el prodigio de un encantamiento,
como la dulce aparición de un cuento:
blanca de nieve y blonda de oro puro.

Un hálito de abril sopló en mi otoño;
en cada fronda reventó un retoño;
en cada viejo nido, hubo canciones;

y, entre las sombras del jardín —errantes
luciérnagas— brillaron, como antes
de mi postrer dolor, las ilusiones.

La herida

¿Qué si me duele? Un poco; te confieso
que me heriste a traición; mas por fortuna,
tras el rapto de ira vino una
dulce resignación... Pasó el exceso.

¿Sufrir? ¿Llorar? ¿Morir? ¿Quién piensa en eso?
El amor es un huésped que importuna;
mírame cómo estoy, ya sin ninguna
tristeza que decirte. Dame un beso.

Así, muy bien; perdóname, fui un loco;
tú me curaste –gracias—, y ya puedo
saber lo que imagino y lo que toco.

En la herida que hiciste, pon el dedo.
¿Qué si me duele? Sí; me duele un poco,
mas no mata el dolor... No tengas miedo.

Nocturno sensual

Yo estaba entre tus brazos. y repentinamente,
no sé cómo, en un ángulo de la alcoba sombría,
el aire se hizo cuerpo, tomó forma doliente,
y era como un callado fantasma que veía.

Veía, entre el desorden del lecho, la blancura
de tu busto marmóreo, descubierto a pedazos;
y tus ojos febriles, y tu fuerte y obscura
cabellera... y veía que yo estaba en tus brazos.

En el fondo del muro, la humeante bujía,
trazando los perfiles de una estampa dantesca,
nimbaba por instantes con su azul agonía
un viejo reloj, como una ancha faz grotesca.

Con un miedo de niño me incorporé. Ninguna
vez sentí más silencio que en esa noche ingrata.
El balcón era un marco de reflejos de luna
que prendía en la sombra sus visiones de plata.

Temblé de ansia, de angustia, de sobrecogimiento;
y el pavor me hizo al punto comprender que salía
y se corporizaba mi propio pensamiento...
y era como un callado fantasma que veía.

Los ojos de mi alma se abrieron de repente
hacia el pasado, lleno de fútiles historias;
y entonces supe cómo tomó forma doliente
la más inmensamente triste de mis memorias.

¿Qué tienes? —me dijiste mirándome lasciva.
—¿Yo? Nada... y nos besamos.
Y así, en la noche incierta,
lloré, sobre la carne caliente de la viva,
con la obsesión helada del cuerpo de la muerta.

Manuel Acuña

Poeta mexicano nacido en Saltillo, Coahuila, en 1849. A los veinte años de edad inició su carrera poética. En 1871 fue reconocido por la crítica por su drama "El Pasado", publicado en un folleto. Éste contenía además once de sus poemas y su famoso "Nocturno a Rosario", inspirado en el gran amor de su vida, Rosario de la Peña, quien estuvo íntimamente ligada a sus últimos años y pesó tanto en su ánimo, que mucho tuvo que ver con su trágica muerte. Su obra poética está compuesta por poemas amorosos y satíricos, contenidos en la publicación "Donde las dan las toman", y en una edición póstuma aparecida en 1874. Se quitó la vida en diciembre de 1873.

A Rosario

Esta hoja arrebatada a una corona
que la fortuna colocó en mi frente
entre el aplauso fácil e indulgente
con que el primer ensayo se perdona.

Esta hoja de un laurel que aún me emociona
como en aquella noche, dulcemente,
por más que mi razón comprende y siente
que es un laurel que el mérito no abona.

Tú la viste nacer, y dulce y buena
te estremeciste como yo al encanto
que produjo al rodar sobre la escena;

Guárdala y de la ausencia en el quebranto,
que te recuerde de mis besos, llena,
al buen amigo que te quiere tanto.

Adiós

Después de que el destino
me ha hundido en las congojas
del árbol que se muere
crujiendo de dolor,
truncando una por una
las flores y las hojas
que al beso de los cielos
brotaron de mi amor.

Después de que mis ramas
se han roto bajo el peso
de tanta y tanta nieve
cayendo sin cesar,
y que mi ardiente savia
se ha helado con el beso
que el ángel del invierno
me dio al atravesar.

Después... es necesario
que tú tambien te alejes
en pos de otras florestas
y de otro cielo en pos;
que te alces de tu nido,

que te alces y me dejes
sin escuchar mis ruegos
y sin decirme adiós.

Yo estaba solo y triste
cuando la noche te hizo
plegar las blancas alas
para acogerte a mí,
entonces mi ramaje
doliente y enfermizo
brotó sus flores todas
tan sólo para ti.

En ellas te hice el nido
risueño en que dormías
de amor y de ventura
temblando en su vaivén,
y en él te hallaban siempre
las noches y los días
feliz con mi cariño
y amándote también...

¡Ah! nunca en mis delirios
creí que fuera eterno
el sol de aquellas horas
de encanto y frenesí;
pero jamás tampoco
que el soplo del invierno
llegara entre tus cantos,
y hallándote tú aquí...

Es fuerza que te alejes...
rompiéndome en astillas;

ya siento entre mis ramas
crujir el huracán,
y heladas y temblando
mis hojas amarillas
se arrancan y vacilan
y vuelan y se van...

Adiós, paloma blanca
que huyendo de la nieve
te vas a otras regiones
y dejas tu árbol fiel;
mañana que termine
mi vida oscura y breve
ya sólo tus recuerdos
palpitarán sobre él.

Es fuerza que te alejes
del cántico y del nido
tú sabes bien la historia
paloma que te vas...
El nido es el recuerdo
y el cántico el olvido,
el árbol es el siempre
y el ave es el jamás.

Adiós mientras que puedes
oír bajo este cielo
el último ¡ay! del himno
cantado por los dos...
Te vas y ya levantas
el ímpetu y el vuelo,
te vas y ya me dejas,
¡paloma, adiós, adiós!

Amor

¡Amar a una mujer, sentir su aliento,
y escuchar a su lado
lo dulce y armonioso de su acento;
tener su boca a nuestra boca unida
y su cuello en el nuestro reclinado,
es el placer más grato de la vida,
el goce más profundo
que puede disfrutarse sobre el mundo!

Porque el amor al hombre es tan preciso,
como el agua a las flores,
como el querube ardiente al paraíso;
es el prisma de mágicos colores
que transforma y convierte
las espinas en rosas,
y que hace bella hasta la misma muerte
a pesar de sus formas espantosas.

Amando a una mujer, olvida el hombre
hasta su misma esencia,
sus deberes más santos y su nombre;
no cambia por el cielo su existencia;
y con su afán y su delirio, loco,
acaricia sonriendo su creencia,

y el mundo entero le parece poco...
Quitadle al zenzontle la armonía,
y al águila su vuelo,
y al iluminar espléndido del día
el azul pabellón del ancho cielo,
y el mundo seguirá... Mas la criatura,
del amor separada
morirá como muere marchitada
la rosa blanca y pura
que el huracán feroz deja tronchada;
como muere la nube y se deshace
en perlas cristalinas
cuando le hace falta un sol que la sostenga
en la etérea región de las ondinas.

¡Amor es Dios!, a su divino fiat
brotó la tierra con sus gayas flores
y sus selvas pobladas
de abejas y de pájaros cantores,
y con sus blancas y espumosas fuentes
y sus limpias cascadas
cayendo entre las rocas a torrentes;
brotó sin canto ni armonía...

Hasta que el beso puro de Adán y Eva,
resonando en el viento,
enseñó a las criaturas ese idioma,
ese acento magnífico y sublime
con que suspira el cisne cuando canta
y la tórtola dulce cuando gime.

¡Amor es Dios!, y la mujer la forma
en que encarna su espíritu fecundo;

él es el astro y ella su reflejo,
él es el paraíso y ella el mundo...

Y vivir es amar. A quien no ha sentido
latir el corazón dentro del pecho
del amor al impulso,
no comprende las quejas de la brisa
que vaga entre los lirios de la loma,
ni de la virgen casta la sonrisa
ni el suspiro fugaz de la paloma.

¡Existir es amar! Quien no comprende
esa emoción dulcísima y suave,
esa tierna fusión de dos criaturas
gimiendo en un gemido,
en un goce gozando
y latiendo en unísono latido...
Quien no comprende ese placer supremo,
purísimo y sonriente,
ése miente si dice que ha vivido;
si dice que ha gozado, miente.

Y el amor no es el goce de un instante
que en su lecho de seda
nos brinda la ramera palpitante;
no es el deleite impuro
que hallamos al brillar una moneda
del cieno y de la infamia entre lo oscuro;
no es la miel que provoca
y que deja, después que la apuramos,
amargura en el alma y en la boca...

Pureza y armonía,
ángeles bellos y hadas primorosas

en un Edén de luz y de poesía,
en un pensil de nardos y de rosas,
Todo es el amor.
Mundo en que nadie
llora o suspira sin hallar un eco;
fanal de bienandanza
que hace que siempre ante los ojos radie
la viva claridad de una esperanza.

El amor es la gloria,
la corona esplendente
con que sueña el genio de alma grande
que pulsa el arpa o el acero blande,
la virgen sonriente.
El Petrarca sin Laura,
no fuera el vate del sentido canto
que hace brotar suspiros ₁en el pecho
y en la pupila llanto.
Y el Dante sin Beatriz no fuera el poeta
a veces dulce y tierno,
y a veces grande, aterrador y ronco
como el cantor salido del infierno...

Y es que el amor encierra
en su forma infinita
cuanto de bello el universo habita,
cuanto existe de ideal sobre la Tierra.
Amor es Dios, el lazo que mantiene
en constante armonía
los seres mil de la creación inmensa;
y la mujer, la diosa,
la encarnación sublime y sacrosanta
que la pradera con su olor inciensa

y que la orquesta del Supremo canta,
¡Y salve, amor! emanación divina...

¡Tú, más blanca y más pura
que la luz de la estrella matutina!
¡Salve, soplo de Dios!...
Y cuando mi alma
deje de ser un templo a la hermosura,
ven a arrancarme el corazón del pecho
ven a abrir a mis pies la sepultura.

Nocturno a Rosario

¡Pues bien! yo necesito
decirte que te adoro
decirte que te quiero
con todo el corazón;
que es mucho lo que sufro,
que es mucho lo que lloro,
que ya no puedo tanto
al grito que te imploro,
te imploro y te hablo en nombre
de mi última ilusión.

Yo quiero que tú sepas
que ya hace muchos días
estoy enfermo y pálido
de tanto no dormir;
que ya se han muerto todas
las esperanzas mías,
que están mis noches negras,
tan negras y sombrías,
que ya no sé ni dónde
se alzaba el porvenir.

De noche, cuando pongo
mis sienes en la almohada

y hacia otro mundo quiero
mi espíritu volver,
camino mucho, mucho,
y al fin de la jornada
las formas de mi madre
se pierden en la nada
y tú de nuevo vuelves
en mi alma a aparecer.

Comprendo que tus besos
jamás han de ser míos,
comprendo que en tus ojos
no me he de ver jamás,
y te amo y en mis locos
y ardientes desvaríos
bendigo tus desdenes,
adoro tus desvíos,
y en vez de amarte menos
te quiero mucho más.

A veces pienso en darte
mi eterna despedida,
borrarte en mis recuerdos
y hundirte en mi pasión,
mas si es en vano todo
y el alma no te olvida.
¿Qué quieres tú que yo haga,
pedazo de mi vida?
¿Qué quieres tú que yo haga
con este corazón?

Y luego que ya estaba
concluido tu santuario,

tu lámpara encendida,
tu velo en el altar;
el sol de la mañana
detrás del campanario,
chispeando las antorchas,
humeando el incensario,
y abierta allá a lo lejos
la puerta del hogar...

¡Qué hermoso hubiera sido
vivir bajo aquel techo,
los dos unidos siempre
y amándonos los dos;
tú siempre enamorada,
yo siempre satisfecho,
los dos una sola alma,
los dos un solo pecho,
y en medio de nosotros
mi madre como un Dios!

¡Figúrate qué hermosas
las horas de esa vida!
¡Qué dulce y bello el viaje
por una tierra así!
Y yo soñaba en eso,
mi santa prometida;
y al delirar en ello
con alma estremecida,
pensaba yo en ser bueno
por ti, no más por ti.

¡Bien sabe Dios que ese era
mi más hermoso sueño,

mi afán y mi esperanza,
mi dicha y mi placer;
bien sabe Dios que en nada
cifraba yo mi empeño,
sino en amarte mucho
bajo el hogar risueño
que me envolvió en sus besos
cuando me vio nacer!

Ésa era mi esperanza...
mas ya que a sus fulgores
se opone el hondo abismo
que existe entre los dos.
¡Adiós por la vez última,
amor de mis amores;
la luz de mis tinieblas,
la esencia de mis flores;
mi lira de poeta,
mi juventud, adiós!

Un sueño

¿Quieres oír un sueño?...
Pues anoche
vi la brisa fugaz de la espesura
que al rozar con el broche
de un lirio que se alzaba en la pradera
grabó sobre él un "beso",
perdiéndose después rauda y ligera
de la enramada entre el follaje espeso.
Éste es mi sueño todo,
y si entenderlo quieres, niña bella,
une tus labios en los labios míos
y sabrás quién es "él" y quién es "ella".

Manuel Gutiérrez Nájera

Poeta, periodista y ensayista mexicano nacido en la ciudad de México en 1859. Inició su carrera literaria desde los dieciséis años de edad, dando a conocer sus escritos en la prensa bajo numerosos seudónimos. Su principal interés radicó, según sus palabras, en "expresar los pensamientos franceses en versos españoles", versos cuya trascendencia sólo se observó después de su muerte, ocurrida en 1895.

Las novias pasadas son copas vacías

Las novias pasadas son copas vacías;
en ellas pusimos un poco de amor;
el néctar tomamos...huyeron los días...
¡Traed otras copas con nuevo licor!

Champán son las rubias de cutis de azalia;
borgoña los labios de vivo carmín;
los ojos oscuros son vino de Italia,
los verdes y claros son vino del Rhin.

Las bocas de grana son húmedas fresas;
las negras pupilas escancian café;
son ojos azules las llamas traviesas
que trémulas corren como almas del té.

La copa se apura, la dicha se agota;
de un sorbo tomamos mujer y licor...
Dejemos las copas... Sí queda una gota,
¡que beba el lacato las heces del amor!

Frente a frente

Oigo el crujir de tu traje,
turba tu paso el silencio,
pasas mis hombros rozando
y yo a tu lado me siento.
Eres la misma: tu talle,
como las palmas, esbelto,
negros y ardientes los ojos,
blondo y rizado el cabello;
blando acaricia mi rostro
como un suspiro tu aliento;
me hablas como antes me hablabas,
yo te respondo muy quedo,
y algunas veces tus manos
entre mis manos estrecho.

¡Nada ha cambiado: tus ojos
siempre me miran serenos,
como a un hermano me buscas,
como a una hermana te encuentro!
¡Nada ha cambiado: la luna
deslizando su reflejo
a través de las cortinas
de los balcones abiertos;
allí el piano en que tocas,

allí el velador chinesco
y allí tu sombra, mi vida,
en el cristal del espejo.

Todo lo mismo: me miro,
pero al mirarte no tiemblo,
cuando me miras no sueño.
Todo lo mismo, peor algo
dentro de mi alma se ha muerto.
¿Por qué no sufro como antes?
¿Por qué, mi bien, no te quiero?

Estoy muy triste; si vieras,
desde que ya no te quiero
siempre que escucho campanas
digo que tocan a muerto.
Tú no me amabas pero algo
daba esperanza a mi pecho,
y cuando yo me dormía
tú me besabas durmiendo.

Ya no te miro como antes,
ya por las noches no sueño,
ni te esconden vaporosas
las cortinas de mi lecho.
Antes de noche venías
destrenzando tu cabello,
blanca tu bata flotante,
tiernos tus ojos de cielo;
lámpara opaca en la mano,
negro collar en el cuello,
dulce sonrisa en los labios
y un azahar en el pecho.

Hoy no me agito si te hablo
ni te contemplo si duermo,
ya no se esconde tu imagen
en las cortinas del techo.

Ayer vi a un niño en la cuna;
estaba el niño durmiendo,
sus manecitas muy blancas,
muy rizado su cabello.
No sé por qué, pero al verle
vino otra vez tu recuerdo,
y al pensar que no me amaste,
sollozando le di un beso.

Luego, por no despertarle,
me alejé quedo, muy quedo.
¡Qué triste que estaba el alma!
¡Qué triste que estaba el cielo!
Volví a mi casa llorando,
me arrojé luego en el lecho.
Todo estaba solitario,
todo muy negro, muy negro,
como una tumba mi alcoba,
la tarde tenue muriendo
mi corazón con el frío.

Busqué la flor que me diste
una mañana en tu huerto
y con mis manos convulsas
la apreté contra mi pecho;
miré luego en torno mío
y la sombra me dio miedo...
Perdóname, sí, perdona,
¡no te quiero, no te quiero!

Hojas secas

¡En vano fue buscar otros amores!
¡En vano fue correr tras los placeres,
que es el placer un áspid entre flores,
y son copos de nieve las mujeres!
Entre mi alma y las sombras del olvido
existe el valladar de su memoria:
que nunca olvida el pájaro su nido
ni los esclavos del amor su historia.
Con otras ilusiones engañarme
quise, y entre perfumes adormirme.
¡Y vino el desengaño a despertarme,
y vino su memoria para herirme!
¡Ay, mi pobre alma, cuál te destrozaron
y con cuánta inclemencia te vendieron!
Tú quisiste amar ¡y te mataron!
Tú quisiste ser buena ¡y te perdieron!
¡Tanto amor, y después olvido tanto!
¡Tanta esperanza convertida en humo!
Con razón en el fuego de mi llanto
como nieve a la lumbre me consumo.
¡Cómo olvidarla, si es la vida mía!
¡Cómo olvidarla, si por ella muero!
¡Si es mi existencia lúgubre agonía,

y con todo mi espíritu la quiero!
En holocausto dila mi existencia,
la di un amor purísimo y eterno,
y ella en cambio, manchando mi conciencia,
en pago del edén, diome el infierno.
¡Y mientras más me olvida, más la adoro!
¡Y mientras más me hiere, más la miro!
¡Y allá dentro del alma siempre lloro,
y allá dentro del alma siempre expiro!
El eterno llorar: tal es mi suerte;
nací para sufrir y para amarla.
¡Sólo el hacha cortante de la muerte
podrá de mis recuerdos arrancarla!

En un abanico

Pobre verso condenado
a mirar tus labios rojos
y en la lumbre de tus ojos
quererse siempre abrasar.

Colibrí del que se aleja
el mirto que lo provoca
y ve de cerca tu boca
y no la puede besar.

Para el álbum

El verso es ave: busca entumecido
follaje espeso y resplandores rojos:
¿Qué nido más caliente que tu nido?
¿Qué sol más luminoso que tus ojos?

Manuel José Othón

Poeta mexicano nacido en San Luis Potosí, en 1858. Estudió Derecho y desde muy joven aprovechó su sólida preparación humanística para inclinarse hacia la poesía de corte clásico, inspirada en los poetas del siglo de oro. Escribió también cuentos, novelas y obras teatrales de menor importancia. Su obra poética se inicia con "El himno de los bosques", en 1891; "La noche rústica de Walpurguis", en 1897; "Poemas rústicos", en 1902 y finalmente "Idilio salvaje", en 1905. Falleció en 1906.

Invocación

No apartes, adorada Musa mía,
tu divino consuelo y tus favores
del alma que, nutrida en los dolores,
abrasa el sol y el desaliento enfría.

Aparece ante mí como aquel día
primero de mis jóvenes amores
y tu falda blanquísima con flores
modestas u olorosas atavía.

¡Oh, tú, que besas mi abrasada frente
en horas de entusiasmo o de tristeza,
que resuene en tu canto inmensamente

tu amor a Dios, tu culto a la Belleza,
alma del Arte, y tu pasión ardiente
a la madre inmortal Naturaleza!

Idilio salvaje

¿Por qué a mi helada soledad viniste
cubierta con el último celaje
de un crepúsculo gris?... Mira el paisaje,
árido y triste, inmensamente triste.

Si vienes del dolor y en él nutriste
tu corazón, bien vengas al salvaje
desierto, donde apenas un miraje
de lo que fue mi juventud existe.

Mas si acaso no vienes de tan lejos
y en tu alma aún del placer quedan los dejos,
puedes tornar a tu revuelto mundo.

Si no, ven a lavar tu ciprio manto
en el mar amarguísimo y profundo
de un triste amor o de un inmenso llanto.

Y no sabré decirte...

Irás por el camino gloriosamente quieta
glosando los perfumes y las cadencias todas,
y en torno de tus ojos lucirá la violeta
y en tu traje la nieve...así como en las bodas.
Te besarán las trenzas los hombros soberanos,
los hombros escultóricos de mármoles morenos,
y un beso de crepúsculo habrá sobre tus manos,
y una eclosión de rosas habrá sobre tus senos.
Tus labios milagrosos dirán romanzas nuevas
—asombro de los pájaros y amor de los caminos—
y el viento jovialmente dirá: ¿Por qué te llevas
todo lo que de dulce conservo de los trinos?
La fiesta de los campos será, por ti, completa:
las voces del arroyo serán, por ti, de plata;
y el cielo habrá de darte su lírica paleta
bañándote en sus tintas como una catarata.
Y al ver cómo te nimbas de luz y palideces
vestida con el traje de gala de las flores;
y al ver tus verdes ojos, y al ver que resplandeces
bajo la insigne llama del sol de los amores;
y al dejo de fragancias que dejen tus aromas,
y al ver que recibirte me apresto en el sendero...
habrá sobre las almas un vuelo de palomas...
¡y no sabré decirte lo mucho que te quiero!

Manuel María Flores

Poeta mexicano nacido en Chalchicomula en 1840 y fallecido en 1885. Estudió filosofía sin llegar a graduarse, y participó activamente en los movimientos políticos de su país, alternando sus actividades con la poesía y la prosa. Es uno de los grandes representantes del romanticismo mexicano. Entre sus obras más importantes se cuentan "Pasionarias" y "Rosas caídas".

En el baño

Alegre y sola en el recodo blando
que forma entre los árboles el río
al fresco abrigo del ramaje umbrío
se está la niña de mi amor bañando.

Traviesa con las ondas jugueteando
el busto saca del remanso frío,
y ríe y salpica el glacial rocío
el blanco seno, de rubor temblando.

Al verla tan hermosa, entre el follaje
el viento apenas susurrando gira,
salta trinando el pájaro salvaje,

el sol más poco a poco se retira;
todo calla... y Amor, entre el ramaje,
a escondidas mirándola, suspira.

Flor de un día

Yo di un eterno adiós a los placeres
cuando la pena doblegó mi frente,
y me soñé, mujer, indiferente
al estúpido amor de las mujeres.

En mi orgullo insensato yo creía
que estaba el mundo para mí desierto,
y que en lugar de corazón tenía
una insensible lápida de muerto.

Mas despertaste tú mis ilusiones
con embusteras frases de cariño,
y dejaron su tumba las pasiones
y te entregué mi corazón de niño.

No extraño que quisieras provocarme,
ni extraño que lograras encenderme;
porque fuiste capaz de sospecharme,
pero no eres capaz de comprenderme.

¿Me encendiste en amor con tus encantos,
porque nací con alma de coplero,
y buscaste el incienso de mis cantos?...
¿Me crees, por ventura, pebetero?

No esperes ya que tu piedad implore,
volviendo con mi amor a importunarte;
aunque rendido el corazón te adore,
el orgullo me ordena abandonarte.

Yo seguiré con mi penar impío,
mientras que gozas envidiable calma;
tú me dejas la duda y el vacío,
y yo en cambio, mujer, te dejo el alma.

Porque eterno será mi amor profundo,
que en ti pienso constante y desgraciado,
como piensa en la gloria el condenado,
como piensa en la vida el moribundo.

No te olvido

¿Y temes que otro amor mi amor destruya?
Qué mal conoces lo que pasa en mí;
no tengo más que un alma, que es ya tuya,
y un solo corazón, que ya te di.

¿Y temes que placeres borrascosos
arranquen ¡ay! del corazón la fe?
Para mí los placeres son odiosos;
en ti pensar es todo mi placer.

Aquí abundan mujeres deslumbrantes,
reinas que esclavas de la moda son,
y ataviadas de sedas y brillantes,
sus ojos queman, como quema el sol.

De esas bellas fascinan los hechizos,
néctar manan sus labios de carmín;
mas con su arte y su lujo y sus postizos,
ninguna puede compararse a ti.

A pesar de su grande poderío,
carecen de tus gracias y virtud,
y todas ellas juntas, ángel mío,
valer no pueden lo que vales tú.

Es tan ingente tu sin par pureza,
y tan ingente tu hermosura es,
que alzar puede su templo la belleza
con el polvo que oprimes con tus pies.

Con razón me consume negro hastío
desde que te hallas tú lejos de aquí,
y con razón el pensamiento mío
sólo tiene memoria para ti.

Yo pienso en ti con ardoroso empeño,
y siempre miro tu divina faz,
y pronuncio tu nombre cuando sueño.
Y pronuncio tu nombre al despertar.

Si del vaivén del mundo me retiro,
y ávido de estudiar quiero leer,
entre las letras ¡ay! tu imagen miro,
tu linda imagen de mi vida ser.

Late por ti mi corazón de fuego,
te necesito como el alma a Dios;
eres la virgen que idolatro ciego;
eres la gloria con que sueño yo.

Soñando

Anoche te soñaba, vida mía,
estaba solo y triste en mi aposento,
escribía... no sé qué; mas era algo
de ternura, de amor, de sentimiento.
Porque pensaba en ti. Quizás buscaba
la palabra más fiel para decirte
la infinita pasión con que te amaba.

De pronto, silenciosa,
una figura blanca y vaporosa a mi lado llegó...
Sentí en mi cuello
posarse dulcemente
un brazo cariñoso, y por mi frente
resbalar una trenza de cabello.
Sentí sobre mis labios
el puro soplo de un aliento blando,
alcé mis ojos y encontré los tuyos
que me estaban, dulcísimos, mirando.
Pero estaban tan cerca, que sentía
en yo no sé qué plácido desmayo,
que en la luz inefable de su rayo
entraba toda tu alma hasta la mía.

Después, largo, suave
y rumoroso apenas, en mi frente
un beso melancólico imprimiste,
y con dulce sonrisa de tristeza
resbalando tu mano en mi cabeza
en voz baja, muy baja, me dijiste:
— "Me escribes y estás triste
porque me crees ausente, pobre amigo;
pero, ¿no sabes ya que eternamente
aunque lejos esté, vivo contigo?" —

Y al despertar de tan hermoso sueño
sentí en mi corazón plácida calma;
y me dijiste: es verdad... ¡eternamente!
¿Cómo puede jamás estar ausente
la que vive inmortal dentro del alma?

Un beso nada más

Bésame con el beso de tu boca,
cariñosa mitad del alma mía:
un solo beso el corazón invoca,
que la dicha de dos... me mataría.

¡Un beso nada más! Ya su perfume
en mi alma derramándose la embriaga
y mi alma por tu beso se consume
y por mis labios impaciente vaga.

¡Júntese con la tuya! Ya no puedo
lejos tenerla de tus labios rojos...
¡Pronto... dame tus labios! ¡Tengo miedo
de ver tan cerca tus divinos ojos!
Hay un cielo, mujer en tus abrazos,
siento de dicha el corazón opreso...
¡Oh! ¡Sosténme en la vida de tus brazos
para que no me mates con tu beso!

Nupcial

En el regazo frío
del remanso escondido en la floresta,
feliz abandonaba
su hermosa desnudez el amor mío
en la hora calurosa de la siesta.
El agua que temblaba
al sentirla en su seno, la ceñía
con voluptuoso abrazo y la besaba,
y a su contacto de placer gemía
con arrullo, tan suave y deleitoso,
como el del labio virginal opreso
por el pérfido labio del esposo
al contacto nupcial del primer beso.

La onda ligera esparcía, jugando,
la cascada gentil de su cabello,
que luego en rizos de ébano flotando
bajaba por su cuello;
y cual ruedan las gotas de rocío
en los tersos botones de las rosas,
por el seno desnudo así rodaban
las gotas temblorosas.
Tesoro del amor el más precioso
eran aquellas perlas;

¡cuánto no diera el labio codicioso
trémulo de placer por recogerlas!
¡Cuál destacaba su marfil turgente
en la onda semioscura y transparente,
aquel seno bellísimo de diosa!
¡Así del cisne la nevada pluma
en el turbio cristal de la corriente,
así deslumbradora y esplendente
Venus rasgando la marina espuma!

Después, en el tranquilo
agreste cenador, discreto asilo
del íntimo festín, lánguidamente
sobre mí descansaba, cariñosa,
la desmayada frente,
en suave palidez ya convertida
la color que antes fuera deliciosa,
leve matiz de nacarada rosa
que la lluvia mojó... Mudos los labios,
de amor estaban al acento blando.
¿Para qué la palabra si las almas
estaban en los ojos adorando?
Si el férvido latido
que el albo seno palpitar hacía
decíale al corazón lo que tan sólo,
ebrio de dicha, el corazón oía...

Salimos, y la luna vagamente
blanqueaba ya el espacio.
Perdidas en el éter transparente
como pálidas chispas de topacio
las estrellas brillaban... las estrellas
que yo querido habría
para formar con ellas

una corona a la adorada mía...
En mi hombro su cabeza, y silenciosos
porque idioma no tienen los dichosos,
nos miraban pasar, estremecidas,
las encinas del bosque, en donde apenas
lánguidamente suspiraba el viento,
como en las horas del amor serenas
dulce suspira el corazón contento.

Ardiente en mi mejilla de su aliento
sentía el soplo suavísimo, y sus ojos
muy cerca de mis ojos, y tan cerca
mi ávido labio de sus labios rojos,
que, rauda y palpitante
mariposa de amor, el alma loca,
en las alas de un beso fugitivo
fue a posarse en el cáliz de su boca...

¿Por qué la luna se ocultó un instante
y de los viejos árboles caía
una sombra nupcial agonizante?
El astro con sus ojos de diamante
a través del follaje ¿qué veía...?

Todo callaba en derredor, discreto.
El bosque fue el santuario
de un misterio de amor, y sólo el bosque
guardará en el recinto solitario
de sus plácidas grutas el secreto
de aquella hora nupcial, cuyos instantes
tornar en siglos el recuerdo quiso...
¿Quién se puede olvidar de haber robado
su única hora de amor al paraíso?

Ven

¿Me visita tu espíritu, amor mío?
Yo no lo sé; pero tu imagen bella
vino a mi lado, y en el mundo vago
del sueño, anoche, deliré con ella.

Era Chapultepec, y la ancha sombra
del canoso ahuehuete nos daba abrigo,
la luna llena iluminaba el bosque y
estábamos, mi vida, sin testigo.

Tú sabes lo demás...El alma mía
en su fiebre de amor feliz y loca,
a cada beso tuyo agonizaba
en el nido de amores de tu boca.

¡Oh, ven mi desposada! En el ramaje
el rayo de la luna desfallece,
y amor, el mismo amor, tálamo blando
en las hojas caídas nos ofrece.

Llegan allí, perdidos en las brisas
que el bosque perfumadas atraviesan,
arrullos de torcaces que se llaman,
suspiros de las hojas que se besan.

¡Oh, ven...! ¿Adónde estás...? Envíame loca
en el aire que pasa tus caricias,
que yo en el aire beberé tus besos
y mi alma embriagaré con tus delicias.

Ven a la gruta en que el placer anida;
el viejo bosque temblará de amores,
suspirarán de amor todas las brisas
y morirán de amor todas las flores.

Apagará tus besos el susurro
del aura que suspira en los follajes,
y arrullarán tu sueño entre mis brazos
los himnos de los pájaros salvajes.

Y a la luz indecisa de la luna
allá a lo lejos, y de ti celosa,
la antigua Diana, de los viejos bosques
diosa caída, vagará medrosa.

La noche azul nos brinda su misterio
y templo el bosque a nuestro amor ofrece:
mi alma te busca, mi pasión te espera
y ebrio de amor mi corazón fallece.

¡Oh, ven, mi seducción, mi cariñosa!
ven a la gruta en que el placer anida,
que la dicha no mata...y si me mata
tú con tus besos me darás la vida.

El beso

La luz de ocaso moribunda toca
del pinar los follajes tembladores;
suspiran en el bosque los rumores
y las tórtolas gimen en la roca.

Es el instante que el amor invoca,
ven junto a mí; te sostendré con flores,
mientras roban volando los amores
el dulce beso de tu dulce boca.

La virgen suspiró; sus labios rojos
apenas, ¡Yo te amo!, murmuraron,
se entrecerraron lánguidos los ojos,

los labios a los labios se juntaron
y las frentes bañadas de sonrojos,
al peso de la dicha se doblaron.

Amémonos

Buscaba mi alma con afán tu alma,
buscaba yo la virgen que mi frente
tocaba con su labio dulcemente
en el febril insomnio del amor.

Buscaba la mujer pálida y bella
que en sueño me visita desde niño,
para partir con ella mi cariño,
para partir con ella mi dolor.

Como en la sacra soledad del templo
sin ver a Dios se siente su presencia,
yo presentí en el mundo tu existencia,
y, como a Dios, sin verte, te adoré.

Y demandando sin cesar al cielo
la dulce compañera de mi suerte,
muy lejos yo de ti, sin conocerte
en la ara de mi amor te levanté.

No preguntaba ni sabía tu nombre.
¿En dónde iba a encontrarte?, lo ignoraba;
pero tu imagen dentro el alma estaba,
más bien presentimiento que ilusión.

Y apenas te miré... tú eras ángel
compañero ideal de mi desvelo,
la casta virgen de mirar de cielo
y de la frente pálida de amor.

Y a la primera vez que nuestros ojos
sus miradas magnéticas cruzaron,
sin buscarse, las manos se encontraron
y nos dijimos "te amo" sin hablar

Un sonrojo purísimo en tu frente,
algo de palidez sobre la mía,
y una sonrisa que hasta Dios subía...
así nos comprendimos... nada más.

¡Amémonos, mi bien! En este mundo
donde lágrimas tantas se derraman,
las que vierten quizá los que se aman
tienen yo no sé qué de bendición.

Dos corazones en dichoso vuelo;
¡Amémonos, mi bien! Tiendan sus alas,
amar es ver el entreabierto cielo
y levantar el alma en asunción.

Amar es empapar el pensamiento
en la fragancia del Edén perdido;
amar es... amar es llevar herido
con un dardo celeste el corazón.

Es tocar los dinteles de la gloria,
es ver tus ojos, escuchar tu acento,
en el alma sentir el firmamento
y morir a tus pies de adoración.

Octavio Paz

oeta y ensayista mexicano nacido en Mixcoac, ciudad de México, en 1914. Paz, es el poeta de las nupcias: en sus textos líricos copulan el cielo y la tierra, el hombre y la mujer, los animales, los astros, las plantas y las palabras. A través del amor y el erotismo, Paz descubre y puebla un mundo en el que el hombre y la mujer luchan, se despedazan y surgen nuevamente de sus cenizas. En 1990 obtuvo el Premio Nobel de Literatura como reconocimiento por su obra. Entre sus libros más destacados, se encuentran "El Laberinto de la Soledad", "El Arco y la Lira", "Águila o Sol" y "Libertad bajo palabra". Falleció en 1998.

Bajo tu clara sombra

Un cuerpo, un cuerpo solo, un sólo cuerpo,
un cuerpo como día derramado
y noche devorada;
la luz de unos cabellos
que no apaciguan nunca
la sombra de mi tacto;
una garganta, un vientre que amanece
como el mar que se enciende
cuando toca la frente de la aurora;
unos tobillos, puentes del verano;
unos muslos nocturnos que se hunden
en la música verde de la tarde;
un pecho que se alza
y arrasa las espumas;
un cuello, sólo un cuello,
unas manos tan sólo,
unas palabras lentas que descienden
como arena caída en otra arena...
Esto que se me escapa,
agua y delicia obscura,
mar naciendo o muriendo;
estos labios y dientes,
estos ojos hambrientos,

me desnudan de mí
y su furiosa gracia me levanta
hasta los quietos cielos
donde vibra el instante;
la cima de los besos,
la plenitud del mundo y de sus formas.

Toca mi piel

Toca mi piel, de barro, de diamante,
oye mi voz en fuentes subterráneas,
mira mi boca en esa lluvia oscura,
mi sexo en esa brusca sacudida
con que desnuda el aire los jardines.
Toca tu desnudez en la del agua,
desnúdate de ti, llueve en ti misma,
mira tus piernas como dos arroyos,
mira tu cuerpo como un largo río,
son dos islas gemelas tus dos pechos,
en la noche tu sexo es una estrella,
alba, luz rosa entre dos mundos ciegos,
mar profundo que duerme entre dos mares.
Mira el poder del mundo:
reconócete ya, al reconocerme.

Cuerpo a la vista

Y las sombras se abrieron otra vez
y mostraron su cuerpo:
tu pelo, otoño espeso, caída de agua solar,
tu boca y la blanca disciplina
de tus dientes caníbales,
prisioneros en llamas,
tu piel de pan apenas dorado
y tus ojos de azúcar quemada,
sitios en donde el tiempo no transcurre,
valles que sólo mis labios conocen,
desfiladero de la una que asciende
a tu garganta entre tus senos,
cascada petrificada de la nuca,
alta meseta de tu vientre,
playa sin fin de tu costado.
Tus ojos son los ojos fijos del tigre
y un minutos después
son los ojos húmedos del perro.
Siempre hay abejas en tu pelo.
Tu espalda fluye tranquila bajo mis ojos
como las espalda del río a la luz del incendio.
Aguas dormidas golpean día y noche
tu cintura de arcilla

y en tus costas,
inmensas como los arenales de la luna,
el viento sopla por mi boca
y un largo quejido cubre con sus dos alas grises
la noche de los cuerpos,
como la sombra del águila la soledad del páramo.
Las uñas de los dedos de tus pies
están hechas del cristal del verano.
Entre tus piernas hay un pozo de agua dormida,
bahía donde el mar de noche se aquieta,
negro caballo de espuma,
cueva al pie de la montaña que esconde un tesoro,
boca de horno donde se hacen las hostias,
sonrientes labios entreabiertos y atroces,
nupcias de la luz y la sombra,
de lo visible y lo invisible
(allí espera la carne su resurrección
y el día de la vida perdurable).

Patria de sangre,
única tierra que conozco y me conoce,
única patria en la que creo,
única puerta al infinito.

Noche de verano

Pulsas, palpas el cuerpo de la noche,
verano que te bañas en los ríos,
soplo en el que se ahogan las estrellas,
aliento de una boca,
de unos labios de tierra.
Tierra de labios, boca
donde un infierno agónico jadea,
labios en donde el cielo llueve
y el agua canta y nacen paraísos.
Se incendia el árbol de la noche
y sus astillas son estrellas,
son pupilas, son pájaros.
Fluyen ríos sonámbulos.
Lenguas de sal incandescente
contra una playa oscura.
Todo respira, vive, fluye:
la luz en su temblor,
el ojo en el espacio,
el corazón en su latido,
la noche en su infinito.
Un nacimiento oscuro, sin orillas,
nace en la noche de verano,
en tu pupila nace todo el cielo.

Olvido

Cierra los ojos y a oscuras piérdete
bajo el follaje rojo de tus párpados.
Húndete en esas espirales
del sonido que zumba y cae
y suena allí, remoto,
hacia el sitio del tímpano,
como una catarata ensordecida.
Hunde tu ser a oscuras,
anégate la piel,
y más, en tus entrañas;
que te deslumbre y ciegue
el hueso, lívida centella,
y entre simas y golfos de tiniebla
abra su azul penacho al fuego fatuo.
En esa sombra líquida del sueño
moja tu desnudez;
abandona tu forma, espuma
que no sabe quien dejó en la orilla;
piérdete en ti, infinita,
en tu infinito ser,
ser que se pierde en otro mar:
olvídate y olvídame.
En ese olvido sin edad ni fondo,
labios, besos, amor, todo renace:
las estrellas son hijas de la noche.

El mar, el mar y tú...

El mar, el mar y tú, plural espejo,
el mar de torso perezoso y lento
nadando por el mar, del mar sediento:
el mar que muere y nace en un reflejo.
El mar y tú, su mar, el mar espejo:
roca que escala el mar con paso lento,
pilar de sal que abate el mar sediento,
sed y vaivén y apenas un reflejo.
De la suma de instantes en que creces,
del círculo de imágenes del año,
retengo un mes de espumas y de peces,
y bajo cielos líquidos de estaño
tu cuerpo que en la luz abre bahías
al oscuro oleaje de los días.

Soneto

Del verdecido júbilo del cielo
luces recobras que la luna pierde
porque la luz de sí misma recuerde
relámpagos y otoños en tu pelo.

El viento bebe viento en su revuelo,
mueve las hojas y su lluvia verde
moja tus hombros, tus espaldas muerde
y te desnuda y quema y vuelve hielo.

Dos barcos de velamen desplegado
tus dos pechos. Tu espalda es un torrente.
Tu vientre es un jardín petrificado.

Es otoño en tu nuca: sol y bruma.
Bajo del verde cielo adolescente.
tu cuerpo da su enamorada suma.

Dos cuerpos

Dos cuerpos frente a frente
son a veces dos olas
y la noche es océano.

Dos cuerpos frente a frente
son a veces dos piedras
y la noche desierto.

Dos cuerpos frente a frente
son a veces raíces
en la noche enlazadas.

Dos cuerpos frente a frente
son a veces navajas
y la noche relámpago.

Ramón López Velarde

Poeta y escritor mexicano nacido en Jerez de la Frontera, Zacatecas, en 1888. Desde muy joven empezó a incursionar en el campo de la literatura. Recibió su título de Abogado en 1911, radicándose en la ciudad de México donde se dedicó de lleno a colaborar con poemas, ensayos y crónicas. A su primer libro, "La sangre devota" publicado en 1916, le siguieron "Zozobra", en 1919, y poco antes de morir, "La suave Patria", en 1921. Después de su muerte, su obra fue recogida en dos importantes publicaciones: "Son del corazón" y "El minutero".

Me estás vedada tú

¿Imaginas acaso la amargura
que hay en no convivir
los episodios de tu vida pura?
Me está vedado conseguir que el viento
y la llovizna sean comedidos
con tu pelo castaño.
Me está vedado oír en los latidos
de tu paciente corazón (sagrario
de dolor y clemencia)
la fórmula escondida de mi propia existencia.
Me está vedado, cuando te fatigas
y se fatiga hasta tu mismo traje,
tomarte en brazos, como quien levanta
a su propia ilusión incorruptible
hecha fantasma que renuncia al viaje.
Despertarás una mañana gris
y verás, en la luna de tu armario,
desdibujarse un puño
esquelético, y ante el funerario
aviso, gritarás las cinco letras
de mi nombre, con voz pávida y floja.
¡Y yo me hallaré ausente
de tu final congoja!

¿Imaginas acaso
mi amargura impotente?
Me estás vedada tú... Soy un fracaso
de confesor y médico que siente
perder a la mejor de sus enfermas
y a su más efusiva penitente.

Tenías un rebozo de seda

Tenías un rebozo en que lo blanco
iba sobre lo gris con gentileza,
para ser a los ojos que te amaban
un festejo de miel en la maleza.
Del rebozo en la seda me anegaba
con fe, como en un golfo intenso y puro,
a oler abiertas rosas del presente
y herméticos botones del futuro.
En abono de mi sinceridad,
séame permitido un alegato:
Entonces era yo seminarista
sin Baudelaire sin rima y sin olfato;
¿guardas flor del terruño aquel rebozo
de maleza y de nieve, en cuya seda
me dormí, aspirando la quintaesencia
de tu espalda leve?

Tus otoños me arrullan...

Tus otoños me arrullan
en coro de quimeras obstinadas;
vas en mí cual la venda va en la herida;
en bienestar de placidez me embriagas;
la luna lugareña va en tus ojos
¡oh blanda que eres entre todas blanda!
Y no sé todavía
qué esperarán de ti mis esperanzas.
Si vas dentro de mí, como una inerme
doncella por la zona devastada
en que ruge el pecado, y si las fieras
atónitas se echan cuando pasas;
si has sido menos que una melodía
suspirante, que flota sobre el ánima,
y más que una pía salutación;
si de tu pecho asciende una fragancia
de limón, cabalmente refrescante
e inicialmente ácida;
si mi voto es que vivas dentro de una
virginidad perenne aromática,
vuélvese un hondo enigma
lo que de ti persigue mi esperanza.
¿Qué me está reservado

de tu persona etérea? ¿Qué es la arcana
promesa de tu ser? Quizá el suspiro
de tu propio existir; quizá la vaga
anunciación penosa de tu rostro;
la cadencia balsámica
que eres tú misma, incienso y voz de armonio
en la tarde llovida y encalmada...
De toda ti me viene
la melodiosa dádiva
que me brindó la escuela
parroquial, en una hora ya lejana,
en que unas voces núbiles
y lentas ensayaban,
en un solfeo cristalino y simple,
una lección de Eslava.
Y de ti y de la escuela
pido el cristal, pido las notas llanas
para invocarte, oscura
y rabiosa esperanza,
con una a colmada de presentes,
con una a impregnada
del licor de un banquete espiritual:
cara mansa, ala diáfana, alma blanda,
¡fragancia casta y ácida!

Alma en pena

A fuerza de quererte
me he convertido, amor, en alma en pena.
¿Por qué, Fuensanta mía,
si mi pasión de ayer está ya muerta
y en tu rostro se anuncian los estragos
de la vejez temida que se acerca,
tu boca es una invitación al beso
como lo fue en lejanas primaveras?
Es que mi desencanto nada puede
contra mi condición de ánima en pena
si a pesar de tus párpados exangües
y las blancuras de tu faz anémica,
aun se tiñen tus labios
con el color sangriento de las fresas.
A fuerza de quererte
me he convertido, amor, en alma en pena,
y con el candor angélico de tu alma
seré una sombra eterna.

Tu palabra más fútil

Magdalena, conozco que te amo
en que la más trivial de tus acciones
es pasto para mí, como la miga
es la felicidad de los gorriones.
Tu palabra más fútil
es combustible de mi fantasía,
y pasa por mi espíritu feudal
como un rayo de sol por una umbría.
Una mañana (en que la misma prosa
del vivir se tornaba melodiosa)
te daban un periódico en el tren
y rehusaste, diciendo con voz cálida:
"¿Para qué me das esto?" Y estas cinco
breves palabras de tu boca pálida
fueron como un joyel que todo el día
en mi capilla estuvo manifiesto:
Y en la noche, sonaba tu pregunta:
"¿Para qué me das esto?"
Y la tarde fugaz que en el teatro
repasaban tus dedos, Magdalena,
la dorada melena
de un chiquillo... Y el prócer ademán
con que diste limosna a aquel anciano...

Y tus dientes que van
en sonrisa ondulante, cual resúmenes
del sol, encandilando la insegura
pupila de los viejos y los párvulos...
Tus dientes, en que están la travesura
y el relámpago de un pueril espejo
que aprisiona del sol una saeta
y clava el rayo férvido en los ojos
del infante embobado
que en su cuna vegeta...
También yo, Magdalena, me deslumbro
en tu sonrisa férvida; y mis horas
van a tu zaga, hambrientas y canoras,
como va tras el ama, por la holgura
de un patio regional, el cortesano
séquito de palomas que codicia
la gota de agua azul y el rubio grano.

Hoy como nunca

Hoy como nunca, me enamoras y me entristeces;
si queda en mí una lágrima, yo la excito a que lave
nuestras dos lobregueces.
Hoy, como nunca, urge que tu paz me presida;
pero ya tu garganta sólo es una sufrida
blancura, que se asfixia bajo toses y toses,
y toda tú una epístola de rasgos moribundos
colmada de dramáticos adioses.
Hoy, como nunca, es venerable tu esencia
y quebradizo el vaso de tu cuerpo,
y sólo puedes darme la exquisita dolencia
de un reloj de agonías, cuyo tic-tac nos marca
el minuto de hielo en que los pies que amamos
han de pisar el hielo de la fúnebre barca.
Yo estoy en la ribera y te miro embarcarte:
huyes por el río sordo, y en mi alma destilas
el clima de esas tardes de ventisca y de polvo
en las que doblan solas las esquilas.
Mi espíritu es un paño de ánimas, un paño
de ánimas de iglesia siempre menesterosa;
es un paño de ánimas goteado de cera,
hollado y roto por la grey astrosa.
No soy más que una nave de parroquia en penuria,

nave en que se celebran eternos funerales,
porque una lluvia terca no permite
sacar el ataúd a las calles rurales.
Fuera de mí, la lluvia; dentro de mí, el clamor
cavernoso y creciente de un salmista;
mi conciencia, mojada por el hisopo, es un
ciprés que en una huerta conventual se contrista.
Ya mi lluvia es diluvio, y no miraré el rayo
del sol sobre mi arca, porque ha de quedar roto
mi corazón la noche cuadragésima;
no guardan mis pupilas ni un matiz remoto
de la lumbre solar que tostó mis espigas;
mi vida es sólo una prolongación de exequias
bajo las cataratas enemigas.

A la traición de una hermosa

Tú que prendiste ayer los aurorales
fulgores del amor en mi ventana;
tú, bella infiel, adoración lejana
madona de eucologios y misales:

Tú, que ostentas reflejos siderales
en el pecho enjoyado, grave hermana,
y en tus ojos, con lumbre sobrehumana,
brillan las tres virtudes teologales:

No pienses que tal vez te guardo encono
por tus nupcias de hoy. Que te bendiga
mi señor Jesucristo. Yo perdono

tu flaqueza, y esclavo de tu hechizo
de tu primer hijuelo, dulce amiga,
celebraré en mis versos el bautizo.

A un imposible

Me arrancaré, mujer, el imposible
amor de melancólica plegaria
y aunque se quede el alma solitaria
huirá la fe de mi pasión risible.
Iré muy lejos de tu vista grata
y morirás sin mi cariño tierno,
como en las noches del helado invierno
se extingue la llorosa serenata.
Entonces, al caer desfallecido
con el fardo de todos mis pesares,
guardaré los marchitos azahares
entre los pliegues del nupcial vestido.

A Sara

A mi paso, y al azar, te desprendiste
como el fruto más profano
que pudiera concederme la benévola
actitud de este verano.

Blonda Sara, uva en sazón: mi leal apego
a tu persona, hoy me incita
a burlarme de mi ayer, por la inaudita
buena fe con que creí mi sospechosa
vocación la de un levita.

Sara, Sara, eres flexible cual la honda
de David, y contundente
como el lírico guijarro del mancebo;
y das paralelamente,
una tortura de hielo y una combustión de pira;
y si en vértigo de abismo tu pelo se desmadeja,
todavía, con brazo heroico
y en caída acelerada, sostiene a su pareja.

Sara, Sara, golosina de horas muelles;
racimo copioso y magno de promisión que fatigas
el dorso de dos hebreos:

siempre te sean amigas
la llamarada del sol y del clavel: si tu brava
arquitectura se rompe como un hilo inconsistente,
que bajo la tierra lóbrega
esté incólume tu frente;
y que refulja tu blonda melena, como un tesoro
escondido; y que se guarden indemnes, como real sello,
tus brazos y la columna
de tu cuello.

Renato Leduc

Poeta, escritor y periodista mexicano nacido en Tlalpan, en 1895. Colaboró en periódicos y revistas culturales escribiendo poesía, cuentos y crónicas. Entre sus principales obras poéticas se encuentran: "El aula", en 1929; "Algunos poemas deliberadamente románticos y un prólogo en cierto modo innecesario", en 1933; "Breve glosa al Libro de Buen Amor", en 1939; "Desde París", en 1942; "XV fabulillas de animales, niños y espantos", en 1957 y "Catorce poemas burocráticos y un corrido reaccionario, para solaz y esparcimiento de las clases económicamente débiles", en 1963. Murió en la ciudad de México en 1986.

Alusión a los cabellos castaños

Así como fui yo, así como eras tú,
en la penumbra inocua de nuestra juventud
así quisiera ser,
mas ya no puede ser.

Como ya no seremos como fuimos entonces,
cuando límpida el alma trasmutaba en pecado
al más leve placer.
Cuando el mundo y tú eran, sonrosaba sorpresa.
Cuando hablaba yo solo dialogando contigo,
es decir, con tu sombra,
por las calles desiertas,
y la luna bermeja era dulce incentivo
para idilios de gatos, fechorías de ladrones
y soñar de poetas.

Cuando el orbe rodaba sin que yo lo sientiera,
cuando yo te adoraba sin que tú lo supieras
—aunque siempre lo sabes, aunque siempre lo sepas—
y el invierno era un tropo y eras tú primavera
y el romántico otoño corretear de hojas secas.

Tú que nunca cuidaste del rigor de los años
ni supiste el castigo de un marchito ropaje;

tú que siempre tuviste los cabellos castaños
y la tersa epidermis, satinado follaje.

Tus cabellos castaños, tus castaños cabellos
por volver a besarlos con el viejo fervor,
vendría yo la ciencia que compré con dolor
y la tela de araña que tejí en sueños.
Así como fui yo, así como eras tú,
en la inconciencia tórrida de nuestra juventud,
así quisiera ser,
mas ya no puede ser...

Aquí se habla del tiempo perdido

Sabia virtud de conocer el tiempo;
a tiempo amar y desatarse a tiempo;
como dice el refrán: dar tiempo al tiempo...
que de amor y dolor alivia el tiempo.

Aquel amor a quien amé a destiempo
martirizóme tanto y tanto tiempo
que no sentí jamás correr el tiempo,
tan acremente como en ese tiempo.

Amar queriendo como en otro tiempo
—ignoraba yo aún que el tiempo es oro—
cuánto tiempo perdí —ay— cuánto tiempo.

Y hoy que de amores ya no tengo tiempo,
amor de aquellos tiempos, cómo añoro
la dicha inicua de perder el tiempo...

Dedicatoria

Cada día más, del mundo exorbitado,
en solitario claustro pulo el verso
que he de ofrecerte.
Eludo la estridente paradoja
y la luz inhumana de los cohetes
— digo — tropos que pueden ofenderte.

Que tus tersas pestañas no se abajen
a luz ninguna;
que si lágrimas viertes, las recoja.
Pañuelo gris, el paño de la bruma.

Cada día más, del mundo exorbitado,
te doy mi vida en cada verso mío.
Al verte dije: Paréceme ya tiempo
de ser romántico...
Y a la sazón callaron las alondras
del huerto consabido,
y en el sucio corral de mi convento
un gallo ilustre profirió su grito.

Calzo la espuela y me armo caballero
deliberadamente;

porque pie a tierra he pretendido en vano
usufructuar el predio
que va desde tus pies hasta tu frente.

Naciste en la planicie donde una
nube plateada te sirvió de cuna,
¿qué tienes tú que ver con pedrerías
y figuras retóricas?

Beata virtud: permíteme que aluda
al nácar de tu carne.
¿Qué tienes tú que ver con pedrerías?
Beata virtud,
mejor vestida cuanto más desnuda...

Égloga

Muchacha: Ya sonó el despertador.
Parece
que amanece.
Tu marido no tardará en llegar
y si me encuentra...

Ya — terrones de azúcar — las estrellas
disuélvense en la leche matinal;
ya renace la vida pueblerina;
ya los gallos comienzan a cantar...

Oigo mugir un buey en la barranca.

Muchacha, tu marido
no tardará en llegar...

Ineludible poema del adiós

Sólo un occiduo sol que disemina
en tintas jaldes la silueta tuya,
extraviada en los riesgos de una esquina,
sin quien a mi fervor la restituya.

Blanco pañuelo
que tremolaste con enhiesto brazo,
signo será de adiós y desconsuelo
cuando se vuelva a presentar el caso.

Rueda la noche y en la noche el tren,
el uno y la otra por distinta vía;
alguien habrá que en el desierto andén
consigne fardos de melancolía.

Diáfano cielo
con un errante corazón de plata;
cuántas muchachas llorarán en celo.
Oh, gemebundo amor de gato y gata.

El agrio viento que en París y en otros
turbios países torna la veleta,
por falta de veleta entre nosotros
a transportar suspiros se concreta.

Luces, fugaces luces
de una casa perdida en la llanura;
cuántas doncellas beberán de bruces
sueños, que el sol amargo desfigura.

Viento del mar que con hinchado aliento
al viento avienta iridiscente espuma;
al cruzar tu recuerdo amarillento,
olor de viaje y de marisco exhuma.

Estos gajos lunáticos de luna
saben a menta;
cuántas muchachas llorarán a una
dicha, perdida por error de imprenta.

Brumoso viento que nos cuenta el cuento
del viejo Valdemar
y sus hijas, que en modo truculento
sucumbieron, cansadas de esperar.

A viajero veloz, senda florida.
Oh, muchachas de amable contextura,
hay que decir adiós porque la vida
es menos dura cuanto menos dura.

Estrella, estrella
que contemplas cien mundos a la vez,
¿dónde está, di, la postrimer doncella?
dónde está, pues...

Rosario Castellanos

Poeta mexicana nacida en el Distrito Federal, en 1925. Su infancia transcurrió en Chiapas y luego estudió Filosofía y Letras. Practicó con gran éxito todos los géneros literarios, destacándose especialmente en su obra poética que la ha convertido en una de las más altas representantes de México en el último siglo. Toda su obra está recopilada en el libro "Poesía no eres tú". Falleció en Tel Aviv en 1974, cuando ocupaba el cargo de embajadora de México ante el gobierno de Israel.

Revelación

Lo supe de repente:
hay otro.
Y desde entonces duermo solo a medias
y ya casi no como.

No es posible vivir
con ese rostro
que es el mío verdadero
y que aún no conozco.

Amor

Sólo la voz, la piel, la superficie
pulida de las cosas.
Basta. No quiere más la oreja que su cuenco
rebalsaría y la mano ya no alcanza
a tocar más allá.

Distraída, resbala, acariciando
y lentamente sabe del contorno.
Se retira saciada,
sin advertir el ulular inútil
de la cautividad de las entrañas
ni el ímpetu del cuajo de la sangre
que embiste la compuerta del borbotón, ni el nudo
ya para siempre ciego del sollozo.
El que se va se lleva su memoria,
su modo de ser río, de ser aire,
de ser adiós y nunca.
Hasta que un día otro lo para, lo detiene
y lo reduce a voz, a piel, a superficie
ofrecida, entregada, mientras dentro de sí
la oculta soledad aguarda y tiembla.

Los adioses

Quisimos aprender la despedida
y rompimos la alianza
que juntaba al amigo con la amiga.
Y alzamos la distancia
entre las amistades divididas.
Para aprender a irnos, caminamos.
Fuimos dejando atrás las colinas, los valles,
los verdeantes prados.
Miramos su hermosura
pero no nos quedamos.

Ajedrez

Porque éramos amigos y a ratos, nos
amábamos;
quizá para añadir otro interés
a los muchos que ya nos obligaban
decidimos jugar juegos de inteligencia.
Pusimos un tablero enfrente
equitativo en piezas, en valores,
en posibilidad de movimientos.
Aprendimos las reglas, les juramos respeto
y empezó la partida.
Henos aquí hace un siglo, sentados,
meditando encarnizadamente
como dar el zarpazo último que aniquile
de modo inapelable y, para siempre, al otro.

Apelación al solitario

Es necesario, a veces, encontrar compañía.

Amigo, no es posible ni nacer ni morir
sino con otro. Es bueno
que la amistad le quite
al trabajo esa cara de castigo
y a la alegría ese aire ilícito de robo.

¿Cómo podrías estar solo a la hora
completa, en que las cosas y tú hablan y hablan,
hasta el amanecer?

Destino

Matamos lo que amamos. Lo demás
no ha estado vivo nunca.
Ninguno está tan cerca. A ningún otro hiere
un olvido, una ausencia, a veces menos.
Matamos lo que amamos. ¡Que cese ya esta asfixia
de respirar con un pulmón ajeno!
El aire no es bastante
para los dos. Y no basta la tierra
para los cuerpos juntos
y la ración de la esperanza es poca
y el dolor no se puede compartir.
El hombre es animal de soledades,
ciervo con una flecha en el ijar
que huye y se desangra.
¡Ah! pero el odio, su fijeza insomne
de pupilas de vidrio; su actitud
que es a la vez reposo y amenaza.
El ciervo va a beber y en el agua aparece
el reflejo de un tigre.
El ciervo bebe el agua y la imagen. Se vuelve
— antes que lo devoren — (cómplice, fascinado)
igual a su enemigo.
Damos la vida sólo a lo que odiamos.

Lo cotidiano

Para el amor no hay cielo, amor, sólo este día;
este cabello triste que se cae
cuando te estás peinando ante el espejo.
Esos túneles largos
que se atraviesan con jadeo y asfixia;
las paredes sin ojos,
el hueco que resuena
de alguna voz oculta y sin sentido.

Para el amor no hay tregua, amor. La noche
se vuelve, de pronto, respirable.
Y cuando un astro rompe sus cadenas
y lo ves zigzaguear, loco, y perderse,
no por ello la ley suelta sus garfios.
El encuentro es a oscuras. En el beso se mezcla
el sabor de las lágrimas.
Y en el abrazo ciñes
el recuerdo de aquella orfandad, de aquella muerte.

Nostalgia

Ahora estoy de regreso.
Llevé lo que la ola, para romperse, lleva
—sal, espuma y estruendo—,
y toqué con mis manos una criatura viva;
el silencio.

Heme aquí suspirando
como el que ama y se acuerda y está lejos.

Rubén Bonifaz Nuño

Poeta mexicano nacido en Veracruz en noviembre de 1923. Humanista, traductor, investigador, crítico de arte y dibujante, obtuvo la maestría y el doctorado en Letras en la Universidad Autónoma de México. Es miembro de número de la Academia Mexicana de la Lengua. Su obra se encuentra traducida a varios idiomas y ha merecido entre otros, los siguientes premios: Premio Nacional de Letras 1974. Premio Alfonso Reyes 1984.

Centímetro a centímetro

—Piel, cabello, ternura, olor, palabras—
mi amor te va tocando.
Voy descubriendo a diario, convenciéndome
de que estás junto a mí, de que es posible
y cierto; que no eres,
ya, la felicidad imaginada,
sino la dicha permanente,
hallada, concretísima; el abierto
aire total en que me pierdo y gano.
Y después, qué delicia
la de ponerme lejos nuevamente.
Mirarte como antes
y llamarte de "usted", para que sientas
que no es verdad que te haya conseguido;
que sigues siendo tú, la inalcanzada;
que hay muchas cosas tuyas
que no puedo tener.
Qué delicia delgada, incomprensible,
la de verte lejos,
y soportar los golpes de alegría
que de mi corazón ascienden
al acercarse a ti por vez primera;
siempre por primera, a cada instante.

Y al mismo tiempo, así, juego a perderte
y a descubrirte, y sé que te descubro
siempre mejor de como te he perdido.
Es como si dijeras:
"Cuenta hasta diez, y búscame", y a oscuras
yo empezara a buscarte, y torpemente
te preguntara: "¿estás allí?", y salieras
riendo del escondite,
tú misma, sí, en el fondo; pero envuelta
en una luz distinta, en un aroma
nuevo, con un vestido diferente.

Y nuevamente abril a flor de cielo...

Y nuevamente abril a flor de cielo
abre tus manos tibias, y yo canto
el júbilo entrañable y el espanto
que en mi sangre derramas con tu anhelo.
Amo la gravidez del alma, el vuelo
por la caricia que hasta ti levanto,
y el fuego triste hallado en el quebranto
de la distancia —aborrecible velo—
Amor: abril, tu cómplice, desvía
la ruta del temor que disminuye
y disfraza de fiesta su agonía.
Eres abril de nuevo, amor, y nada
escapa de tu ser: todo confluye
a cobrar plenitud en tu mirada.

Amiga a la que amo...

Amiga a la que amo: no envejezcas.
Que se detenga el tiempo sin tocarte;
que no te quite el manto
de la perfecta juventud. Inmóvil
junto a tu cuerpo de muchacha dulce
quede, al hallarte, el tiempo.
Si tu hermosura ha sido
la llave del amor, si tu hermosura
con el amor me ha dado
la certidumbre de la dicha,
la compañía sin dolor, el vuelo,
guárdate hermosa, joven siempre.
No quiero ni pensar lo que tendría
de soledad mi corazón necesitado,
si la vejez dañina, prejuiciosa
cargara en ti la mano,
y mordiera tu piel, desvencijara
tus dientes, y la música
que mueves, al moverte, deshiciera.

Guárdame siempre en la delicia
de tus dientes parejos, de tus ojos,
de tus olores buenos,

de tus brazos que me enseñas
cuando a solas conmigo te has quedado
desnuda toda, en sombras,
sin más luz que la tuya,
porque tu cuerpo alumbra cuando amas,
más tierna tú que las pequeñas flores
con que te adorno a veces.
Guárdame en la alegría de mirarte
ir y venir en ritmo, caminando
y, al caminar, meciéndote
como si regresaras de la llave del agua
llevando un cántaro en el hombro.

Y cuando me haga viejo,
y engorde y quede calvo, no te apiades
de mis ojos hinchados, de mis dientes
postizos, de las canas que me salgan
por la nariz. Aléjame,
no te apiades, destiérrame, te pido;
hermosa entonces, joven como ahora,
no me ames: recuérdame
tal como fui al cantarte, cuando era
yo tu voz y tu escudo,
y estabas sola, y te sirvió mi mano.

Haz que yo pueda ser, amor...

Haz que yo pueda ser, amor, la escala
en que sus pies se apoyan, el torrente
de luz para su sed o, suavemente,
el cauce en que su vida se resbala.
Sólo soy un espejo para el ala
de un ángel dividido, que así siente
que le soy necesario, y dulcemente
a mi dolor su claridad iguala.

Y eso es todo, amor: sólo un reflejo.
No escala, luz ni cauce, en que pudiera
subir, brillar o transcurrir ligera.
Únicamente el sueño de un espejo
mudo a veces, y opaco, en donde anida
la imagen solitaria de su vida.

Tú das la vista a mis pupilas ciegas

Tú das la vista a mis pupilas ciegas
y a mi voz la ternura que te nombra;
amor, cuánta amargura, cuánta sombra
se destruye en la luz en que me anegas.
En hoces claras a mi pecho llegas
y la esperanza al corazón asombra,
por ti la mano del olvido escombra
los restos tristes del dolor que siegas.
Por ti vencido, el peso de la angustia
inútilmente ya su fuerza mustia
contra tus simples luces abre inerte.
Amor, ardiente lámpara en la oscura
soledad, segador de la amargura.
Está lejano el miedo de perderte.

Alguna vez te alcanzará el sonido...

Alguna vez te alcanzará el sonido
de mi apagado nombre, y nuevamente
algo en tu ser me sentirá presente:
mas no tu corazón; sólo tu oído.
Una pausa en la música sin ruido
de tu luz ignorada, inútilmente
ha de querer salvar mi afán doliente
de la amorosa cárcel de tu olvido.
Ningún recuerdo quedará en tu vida
de lo que fuera breve semejanza
de tu sueño y mi nombre y la belleza.
Porque en tu amor no alentará la herida
sino la cicatriz, y tu esperanza
no querrá saber más de mi tristeza.

Pulida la piel bajo tus rosas

Pulida la piel bajo tus rosas
de escamas, fomenta la corriente
lustral donde mis viejos años
vencidos beben sin saciarse.

La ambición de mi lengua, forma
el dócil espejo de tu lengua.

Y aquí comienza el canto nuevo.
Vestido aquí de harapos, canto.
Y nuevamente tú, me esfuerzo;
te cubro de gloria, te engalano
con mis tesoros de mendigo.

Si estuvieras otra vez, si fueras
de nuevo; si ardiendo de memoria
llegara a sacarte de tu casa
de niebla; si otra vez salieras
como carne de almendra dura
de entre las arrugas de la cáscara.

Los caracoles en tus piernas,
deleite del ver, y del oído,
los cascabeles en tus piernas.

Y ábrense y me miran y se vuelven
a mí los misericordiosos
ojos de tus pies, y de tus codos
los ojos me miran, y se abren
en mí los ojos de tus hombros.

Y a ti me llama el remolino
de hueso de tu ombligo, y ríen
en tu ombligo los azules dientes
con que amor espiaba y me mordía.

Hoy se desciñen los amarres
vivos de la cintura; hoy caen
los móviles nudos de la falda;
hoy las dos columnas se desnudan
y el nopal del centro ondulatorio.

Haraposo, canto y te enriquezco;
te contemplo fuera de tu casa.

En ti mi sombra a tientas busco;
sigo mi sombra en el reflujo
de los corazones de tu pecho;
de las manos en tu pecho, el préstamo
florido recibo y recompongo.

Tú, mi plumaje, mi serpiente;
mi plena de garras de ojos dulces;
mi madre del ala que se alumbra
en el corazón encenizado.

Si estuvieras aquí de nuevo
a la mitad fugaz del canto.
Si solamente te alcanzara.

Lumbre encontrada de mi sombra,
yo tu enviado soy; yo que regreso
a los tres rostros de tu doble
rostro; a tu rostro solo y único.

Son olor de lluvia tus cabellos

Son olor de lluvia tus cabellos.
Nocturna memoria del estío.
Y el umbral ansioso de la casa
se alegra en tus zapatos rojos,
tu meso de musgos claros goza.

Y los efluvios de tu abrigo
mojado, y tu sonrisa, vienen,
y el triunfal asedio de tus brazos
en mi cuello, y tu mirada en fuga.

Sube el vino azul de estar contigo;
trasmuta la vivienda oscura,
en canon de puertas frente a frente,
en flamas de túnel submarino,
en fiesta de barcos, en jardines.

Socorro de mis años, dices:
"Y yo a ti." Canción para cantarte,
adorno de tu voz, diadema.

Y estás en tu cuerpo, y nuestros pasos
juntos, una vez, se reconocen
en el corredor de aquella casa
que no fue la casa que buscamos.

Ningún otro cuerpo como el tuyo

Ningún otro cuerpo como el tuyo
vino a salir sobre la tierra,
porque él es tú. Domingo diario,
simposio y lecho, y mesa puesta
para los sentidos no platónicos.

Sin verte ni oírte, voy formándole
el molde de un instante tuyo;
el estuche justo, tu morada.
Espacio puro, impenetrable,
donde guardarlo aprisionado.

Siguiendo los innumerables
peldaños infinitesimales
de tu olor, bajando y ascendiendo,
las superficies reconozco,
maravilladas, de tu cuerpo.

Hueles a escollo soleado,
a huertas en la sombra, a tienda
de perfumes; a desierto hueles,
tierra grávida, a llovizna;
a carne de nardo macerada,
a impulsos de ansias animales.

Y cada aroma halla respuesta
en un sabor que lo sostiene,
y el regusto de la sal, el agrio
del fruto en agraz; dulcísimo,
el del fruto maduro y pleno,
el amargor donde floreces,
mezclándose, ardiendo, disolviéndose,
hacen de ti un sabor; el único
sabor, el que te vuelve en suya.

Y con él completo la armadura
del perfecto espacio: tu recinto
inequívoco, el sitio de ti misma.

Salvador Novo

Poeta mexicano nacido en 1904 y fallecido en 1974. Realizó sus estudios de Derecho en la Universidad Nacional de México, y posteriormente en la Facultad de Filosofía y Letras hizo sus estudios de Maestro en Lenguas. Incursionó con éxito en múltiples ramas de la actividad intelectual como cronista, ensayista, dramaturgo e historiador, cultivando brillantemente la prosa ensayística y el teatro. Su poesía sorprende por la modernidad de sus recursos y sus temas, y es fiel reflejo de la frivolidad que el poeta encontró en la historia reciente.

Breve romance de la ausencia

Único amor, ya tan mío
que va sazonando el Tiempo:
¡qué bien nos sabe la ausencia
cuando nos estorba el cuerpo!
Mis manos te han olvidado
pero mis ojos te vieron
y cuando es amargo el mundo
para mirarte los cierro.
No quiero encontrarte nunca,
que estás conmigo y no quiero
que despedace tu vida
lo que fabrica mi sueño.
Como un día me la diste
viva tu imagen poseo,
que a diario lavan mis ojos
con lágrimas tu recuerdo.
Otro se fue, que no tú,
amor que clama el silencio
si mis brazos y tu boca
con las palabras partieron.
Otro es éste, que no yo,
mudo, conforme y eterno
como este amor, ya tan mío
que irá conmigo muriendo.

Tema de amor

Dentro de estos cuatro muros
pretendí ocultar mi dicha:
Pero el fruto, pero el aire
¿cómo me los guardaría?

Hora mejor que pospuse,
voces que eran para mí,
camino que no elegí,
destino que no dispuse;
¡cómo os volvisteis oscuros!
¡qué amargo vuestro sabor
cuando nos encerró mi amor
dentro de estos cuatro muros!
Entre tu aurora y mi ocaso
el Tiempo desaparecía
y era nuestra y era mía
sangre, labio, vino y vaso.
En perdurar se encapricha
mi sombra junto a tu luz
y bajo negro capuz
pretendí ocultar mi dicha.
Pero el fruto, pero el aire,
pero el Tiempo que no fluya,

pero la presencia tuya
fuerte, joven, dulce, grande;
sangre tuya en vena mía,
lazos a instantes maduros,
dentro de estos cuatro muros
¿cómo me los guardaría?

Tú, yo mismo

Tú, yo mismo, seco como un viento derrotado
que no pudo sino muy brevemente
sostener en sus brazos una hoja
que arrancó de los árboles...
¿Cómo será posible que nada te conmueva,
que no haya lluvia que te estruje
ni sol que rinda tu fatiga?
Ser una transparencia sin objeto
sobre los lagos limpios de tus miradas.
¡Oh tempestad, diluvio de hace ya mucho tiempo!
Si desde entonces busco tu imagen
que era solamente mía,
si en mis manos estériles ahogué
la última gota de tu sangre, y mi lágrima,
y si fue desde entonces indiferente el mundo
e infinito el desierto,
y cada nueva noche,
musgo para el recuerdo de tu abrazo,
¿cómo en el nuevo día tendré sino tu aliento,
sino tus brazos impalpables entre los míos?
Lloro como una madre
que ha reemplazado al hijo único muerto.
Lloro como la tierra que ha sentido dos veces
germinar el fruto perfecto y mismo.
Lloro porque eres tú para mi duelo
y ya te pertenezco en el pasado.

Este perfume

Este perfume intenso de tu carne,
no es nada más
que el mundo que desplazan y mueven
los globos azules de tus ojos,
y la tierra y los ríos azules de las venas
que aprisionan tus brazos.
Hay todas las redondas naranjas
en tu beso de angustia,
sacrificado al borde de un huerto en que la vida
se suspendió por todos los siglos de la mía.
¡Qué remoto era el aire infinito
que llenó nuestros pechos!
Te arranqué de la tierra
por las raíces ebrias de tus manos
y te he bebido todo, ¡oh fruto perfecto y delicioso!
Ya siempre cuando el sol palpe mi carne,
he de sentir el rudo contacto de la tuya
nacida de la frescura de una alba inesperada,
nutrida en la caricia
de tus ríos claros y puros como tu abrazo,
vuelta dulce en el viento que en las tardes
viene de las montañas a tu aliento,
madurada en el sol de tus dieciocho años,
cálida para mí que la esperaba.

Junto a tu cuerpo

Junto a tu cuerpo totalmente entregado al mío
junto a tus hombros tersos
de que nacen las rutas de tu abrazo,
de que nacen tu voz y tus miradas, claras y remotas,
sentí de pronto el infinito vacío de su ausencia.
Si todos estos años que me falta
como una planta trepadora que se coge del viento
he sentido que llega o que regresa en cada contacto
y ávidamente rasgo todos los días un mensaje
que nada contiene sino una fecha
y su nombre se agranda
y vibra cada vez más profundamente
porque su voz no era más que para mí oído,
porque cegó mis ojos cuando apartó los suyos
y mi alma es como un gran templo deshabitado.
Pero este cuerpo tuyo es un dios extraño
forjado en mis recuerdos, reflejo de mí mismo,
suave de mi tersura, grande por mis deseos,
máscara, estatua que he erigido a su memoria.

Hoy no lució la estrella de tus ojos

Hoy no lució la estrella de tus ojos.
Náufrago de mí mismo,
húmedo del brazo de las ondas,
llego a la arena de tu cuerpo
en que mi propia voz nombra mi nombre,
en que todo es dorado y azul como un día nuevo
y como las espigas herméticas, perfectas y calladas.
En ti mi soledad se reconcilia para pensar en ti.
Toda ha·mudado
el sereno calor de tus miradas
en fervorosa madurez mi vida.
Alga y espumas frágiles, mis besos
cifran el universo en tus pestañas,
—playa de desnudez, tierra alcanzada
que devuelve en miradas tus estrellas.
¿A qué la flor perdida
que marchitó tu espera,
que dispersó el Destino?
Mi ofrenda es toda tuya en la simiente
que secaron los rayos de tus soles.
Al poema confío la pena de perderte.
He de lavar mis ojos de los azules tuyos,
faros que prolongaron mi naufragio.

He de coger mi vida deshecha entre tus manos,
leve jirón de niebla
que el viento entre sus alas efímeras dispersa.
Vuelva la noche a mí, muda y eterna,
del diálogo privada de soñarte,
indiferente a un día
que ha de hallarnos ajenos y distantes.

Amor

Amar es este tímido silencio
cerca de ti, sin que lo sepas,
y recordar tu voz cuando te marchas
y sentir el calor de tu saludo.
Amar es aguardarte
como si fueras parte del ocaso,
ni antes ni después, para que estemos solos
entre los juegos y los cuentos
sobre la tierra seca.
Amar es percibir, cuando te ausentas,
tu perfume en el aire que respiro,
y contemplar la estrella en que te alejas
cuando cierro la puerta de la noche.

No podemos abandonarnos

No podemos abandonarnos,
nos aburrimos mucho juntos,
tenemos la misma edad,
gustos semejantes,
opiniones diversas por sistema.
Muchas horas, juntos,
apenas nos oíamos respirar
rumiando la misma paradoja
o a veces nos arrebatábamos
la propia nota inexpresada
de la misma canción.
Ninguno de los dos, empero,
aceptaría los dudosos honores
del proselitismo.

La pena de perderte

Al poema confío la pena de perderte.
He de lavar mis ojos de los azules tuyos,
faros que prolongaron mi naufragio.
He de coger mi vida desecha entre tus manos,
leve jirón de niebla
que el viento entre sus alas efímeras dispersa.
Vuelva la noche a mí, muda y eterna,
del diálogo privada de soñarte,
indiferente a un día
que ha de hallarnos ajenos y distantes.

Pienso, mi amor...

Pienso, mi amor, en ti todas las horas
del insomnio tenaz en que me abraso;
quiero tus ojos, busco tu regazo
y escucho tus palabras seductoras.

Digo tu nombre en sílabas sonoras,
oigo el marcial acento de tu paso,
te abro mi pecho —y el falaz abrazo
humedece en mis ojos las auroras.

Está mi lecho lánguido y sombrío
porque me faltas tú, sol de mi antojo,
ángel por cuyo beso desvarío.

Miro la vida con mortal enojo,
y todo esto me pasa, dueño mío,
porque hace una semana que no cojo.

Xavier Villaurrutia

Poeta mexicano nacido en la ciudad de México, en 1903. Desde sus estudios de preparatoria inició amistad con Salvador Novo y Torres Bodet, con quienes más tarde reunió una pléyade de intelectuales del siglo XX mexicano, conformando la generación de los poetas Contemporáneos. Aunque inició estudios de Derecho, pronto los abandonó para dedicarse enteramente a las letras. En 1928, fundó el Teatro de Ulises, foro de teatro experimental, en donde inició una larga labor como dramaturgo. Murió en 1950.

Soneto de la esperanza

Amar es prolongar el breve instante
de angustia, de ansiedad y de tormento
en que, mientras espero, te presiento
en la sombra suspenso y delirante.

¡Yo quisiera anular de tu cambiante
y fugitivo ser el movimiento,
y cautivarte con el pensamiento
y por él sólo ser tu solo amante!

Pues si no quiero ver, mientras avanza
el tiempo indiferente, a quien más quiero,
para soñar despierto en tu tardanza

la sola posesión de lo que espero,
es porque cuando llega mi esperanza
es cuando ya sin esperanza muero.

Amor condusse noi ad una morte

Amar es una angustia, una pregunta,
una suspensa y luminosa duda;
es un querer saber todo lo tuyo
y a la vez un temor de al fin saberlo.

Amar es reconstruir, cuando te alejas,
tus pasos, tus silencios, tus palabras,
y pretender seguir tu pensamiento
cuando a mi lado, al fin inmóvil, callas.

Amar es una cólera secreta,
una helada y diabólica soberbia.

Amar es no dormir cuando en mi lecho
sueñas entre mis brazos que te ciñen,
y odiar el sueño en que, bajo tu frente,
acaso en otros brazos te abandonas.

Amar es escuchar sobre tu pecho,
hasta colmar la oreja codiciosa,
el rumor de tu sangre y la marea
de tu respiración acompasada.

Amar es absorber tu joven savia
y juntar nuestras bocas en un cauce
hasta que de la brisa de tu aliento
se impregnen para siempre mis entrañas.

Amar es una envidia verde y muda,
una sutil y lúcida avaricia.

Amar es provocar el dulce instante
en que tu piel busca mi piel despierta;
saciar a un tiempo la avidez nocturna
y morir otra vez la misma muerte
provisional, desgarradora, oscura.

Amar es una sed, la de la llaga
que arde sin consumirse ni cerrarse,
y el hambre de una boca atormentada
que pide más y más y no se sacia.

Amar es una insólita lujuria
y una gula voraz, siempre desierta.

Pero amar es también cerrar los ojos,
dejar que el sueño invada nuestro cuerpo
como un río de olvido y de tinieblas,
y navegar sin rumbo, a la deriva:
porque amar es, al fin, una indolencia.

Deseo

Amarte con un fuego duro y frío.
Amarte sin palabras, sin pausas ni silencios.
Amarte sólo cada vez que quieras,
y sólo con la muda presencia de mis actos.
Amarte a flor de boca y mientras la mentira
no se distinga en ti de la ternura.
Amarte cuando finges toda la indiferencia
que tu abandono niega, que funde tu calor.
Amarte cada vez que tu piel y tu boca
busquen mi piel dormida y mi boca despierta.
Amarte por la soledad, si en ella me dejas.
Amarte por la ira en que mi razón enciendes.
Y, más que por el goce y el delirio,
amarte por la angustia y por la duda.

Nocturno mar

Ni tu silencio duro cristal de dura roca,
ni el frío de la mano que me tiendes,
ni tus palabras secas, sin tiempo ni color,
ni mi nombre, ni siquiera mi nombre
que dictas como cifra desnuda de sentido;

ni la herida profunda, ni la sangre
que mana de sus labios, palpitante,
ni la distancia cada vez más fría
sábana nieve de hospital invierno
tendida entre los dos como la duda;

nada, nada podrá ser más amargo
que el mar que llevo dentro, solo y ciego,
el mar, antiguo Edipo que me recorre a tientas
desde todos los siglos,
cuando mi sangre aún no era mi sangre,
cuando mi piel crecía en la piel de otro cuerpo,
cuando alguien respiraba por mí que aún no nacía.

El mar que sube mudo hasta mis labios,
el mar que me satura
con el mortal veneno que no mata
pues prolonga la vida y duele más que el dolor.

El mar que hace un trabajo lento y lento
forjando en la caverna de mi pecho
el puño airado de mi corazón.

Mar sin viento ni cielo,
sin olas, desolado,
nocturno mar sin espuma en los labios,
nocturno mar sin cólera, conforme
con lamer las paredes que lo mantienen preso
y esclavo que no rompe sus riberas
y ciego que no busca la luz que le robaron
y amante que no quiere sino su desamor.

Mar que arrastra despojos silenciosos,
olvidos olvidados y deseos,
sílabas de recuerdos y rencores,
ahogados sueños de recién nacidos,
perfiles y perfumes mutilados,
fibras de luz y náufragos cabellos.

Nocturno mar amargo
que circula en estrechos corredores
de corales arterias y raíces
y venas y medusas capilares.

Mar que teje en la sombra su tejido flotante,
con azules agujas ensartadas
con hilos nervios y tensos cordones.

Nocturno mar amargo
que humedece mi lengua con su lenta saliva,
que hace crecer mis uñas con la fuerza
de su marca oscura.

Mi oreja sigue su rumor secreto,
oigo crecer sus rocas y sus plantas
que alargan más y más sus labios dedos.

Lo llevo en mí como un remordimiento,
pecado ajeno y sueño misterioso
y lo arrullo y lo duermo
y lo escondo y lo cuido y le guardo el secreto.

Décimas de nuestro amor

A mí mismo me prohibo
revelar nuestro secreto
decir tu nombre completo
o escribirlo cuando escribo.
Prisionero de ti, vivo
buscándote en la sombría
caverna de mi agonía.
Y cuando a solas te invoco,
en la oscura piedra toco
tu impasible compañía.

Si nuestro amor está hecho
de silencios prolongados
que nuestros labios cerrados
maduran dentro del pecho;
y si el corazón deshecho
sangra como la granada
en su sombra congelada,
¿por qué dolorosa y mustia,
no rompemos esta angustia
para salir de la nada?

Por el temor de quererme
tanto como yo te quiero,

has preferido, primero,
para salvarte, perderme.
Pero está mudo e inerme
tu corazón, de tal suerte
que si no me dejas verte
es por no ver en la mía
la imagen de tu agonía:
porque mi muerte es tu muerte.

Te alejas de mí pensando
que me hiere tu presencia,
y no sabes que tu ausencia
es más dolorosa cuando
la soledad se va ahondando,
y en el silencio sombrío,
sin quererlo, a pesar mío,
oigo tu voz en el eco
y hallo tu forma en el hueco
que has dejado en el vacío.

¿Por qué dejas entrever
una remota esperanza,
si el deseo no te alcanza,
si nada volverá a ser?
Y si no habrá amanecer
en mi noche interminable
¿de qué sirve que yo hable
en el desierto, y que pida
para reanimar mi vida,
remedio a lo irremediable?

Esta incertidumbre oscura
que sube en mi cuerpo y que

deja en mi boca no sé
que desolada amargura;
este sabor que perdura
y, como el recuerdo, insiste,
y, como tu olor, persiste
con su penetrante esencia,
es la sola y cruel presencia
tuya, desde que partiste.

Apenas has vuelto, y ya
en todo mi ser avanza,
verde y turbia, la esperanza
para decirme: "¡Aquí está!"
Pero su voz se oirá
rodar sin eco en la oscura
soledad de mi clausura
y yo seguiré pensando
que no hay esperanza cuando
la esperanza es la tortura.

Ayer te soñé. Temblando
los dos en el goce impuro
y estéril de un sueño oscuro.
Y sobre tu cuerpo blando
mis labios iban dejando
huellas, señales, heridas...
Y tus palabras transidas
y las mías delirantes
de aquellos breves instantes
prolongaban nuestras vidas.

Si nada espero, pues nada
tembló en ti cuando me viste

y ante mis ojos pusiste
la verdad más desolada;
si no brilló en tu mirada
un destello de emoción,
la sola oscura razón,
la fuerza que a ti me lanza,
perdida toda esperanza,
es... ¡la desesperación!

Mi amor por ti ¡no murió!
Sigue viviendo en la fría,
ignorada galería
que en mi corazón cavó.
Por ella desciendo y no
encontraré la salida,
pues será toda mi vida
esta angustia de buscarte
a ciegas, con la escondida
certidumbre de no hallarte.

Nuestro amor

Si nuestro amor no fuera,
al tiempo que un secreto,
un tormento, una duda,
una interrogación;
si no fuera una larga
espera interminable,
un vacío en el pecho
donde el corazón llama
como un puño cerrado
a una puerta impasible;
si nuestro amor no fuera
el sueño doloroso
en que vives sin mí,
dentro de mí, una vida
que me llena de espanto;
si no fuera un desvelo,
un grito iluminado
en la noche profunda;
si nuestro amor no fuera
como un hilo tendido
en que vamos los dos
sin red sobre el vacío;
si tus palabras fueran

sólo palabras para
nombrar con ellas cosas
tuyas, no más, y mías;
si no resucitaran
si no evocaran trágicas
distancias y rencores
traspuestos, olvidados;
si tu mirada fuera
siempre la que un instante
— ¡pero un instante eterno! —
es tu más honda entrega;
si tus besos no fueran
sino para mis labios
trémulos y sumisos;
si tu lenta saliva
no fundiera en mi boca
su sabor infinito;
si juntos nuestros labios
desnudos como cuerpos,
y nuestros cuerpos juntos
como labios desnudos
no formaran un cuerpo
y una respiración,
¡no fuera amor el nuestro,
no fuera nuestro amor!

Inventar la verdad

Pongo el oído atento al pecho,
como, en la orilla, el caracol al mar.
Oigo mi corazón latir sangrando
y siempre y nunca igual.
Sé por quién late así, pero no puedo
decir por qué será.
Si empezara a decirlo con fantasmas
de palabras y engaños, al azar,
llegaría, temblando de sorpresa,
a inventar la verdad:
¡Cuando fingí quererte, no sabía
que te quería ya!

Mar

Te acariciaba, mar, en mi desvelo.
Te soñaba en mi sueño, ¡inesperado!
Te esperaba en la sombra recatado
y te oía en el silencio de mi duelo.

Eras, para mi cuerpo, cielo y suelo;
símbolo de mi sueño, inexplicado;
olor para mi sombra, iluminado;
rumor en el silencio de mi celo.

Te tuve ayer hirviendo entre mis manos,
caí despierto en tu profundo río,
sentí el roce de tus muslos cercanos.

Y aunque fui tuyo, entre tus brazos frío,
tu calor y tu aliento fueron vanos:
cada vez más te siento menos mío.

Soneto a la granada

Es mi amor como el oscuro
panal de sombra encarnada
que la hermética granada
labra en su cóncavo muro.

Silenciosamente apuro
mi sed, mi sed no saciada,
y la guardo congelada
para un alivio futuro.

Acaso una boca ajena
a mi secreto dolor
encuentre mi sangre, plena,

y mi carne dura y fría,
y en mi acre y dulce sabor
sacie su sed con la mía.

Contenido

TÍTULOS DE ESTA COLECCIÓN

**Poesía Mexicana Amorosa.
Antología**

**Poesía Universal Amorosa.
Antología**

Todo el Amor de Neruda.

**Todo el Amor en Poemas (Ellas).
Antología**

**Todo el Amor en Poemas (Ellos).
Antología**

Esta obra se terminó de imprimir en enero del 2005 en
Litográfica Ingramex, S.A. de C.V.
Centeno 162-1, Col. Granjas Esmeralda
México. D.F.

Certificado No. 02-2082